中国俗文化丛书

方言趣谈

丛书主编 高占祥

张廷兴　董佳兰　著

山东教育出版社

图书在版编目(CIP)数据

方言趣谈/张廷兴，董佳兰著. —济南：山东教育出版
社，2016

(中国俗文化丛书/高占祥主编)

ISBN 978－7－5328－9291－4

Ⅰ.①方… Ⅱ.①张… ②董… Ⅲ.①方言—介绍—
中国 Ⅳ.①H17

中国版本图书馆 CIP 数据核字(2016)第 052100 号

中国俗文化丛书 **高占祥** **主编**

方言趣谈 **张廷兴** **董佳兰** **著**

出 版 人：刘东杰

出版发行：山东教育出版社

　　　　　(济南市纬一路 321 号　邮编：250001)

电　　话：(0531)82092664　传真：(0531)82092625

网　　址：www.sjs.com.cn

发 行 者：山东教育出版社

印　　刷：山东临沂新华印刷物流集团有限责任公司

版　　次：2017 年 2 月第 1 版第 1 次印刷

规　　格：787mm×1092mm　32 开本

印　　张：6.875 印张

印　　数：1—3000

字　　数：100 千字

书　　号：ISBN 978－7－5328－9291－4

定　　价：17.00 元

(如印装质量有问题，请与印刷厂联系调换)

印厂电话：0539－2925659

中国俗文化丛书
编委会

主　　任：高占祥
副主任：于占德
编　　委：(以姓氏笔画为序)

中国俗文化丛书

主　　编：高占祥
执行主编：于占德
副 主 编：于培杰
　　　　　叶　涛
　　　　　刘德增

序

在中华民族光辉而悠久的历史传统文化中，俗文化占有十分重要的地位。它不仅是雅文化不可缺少的伴侣，而且具有自身独立的社会价值。它在中华民族的发展历程中，与雅文化一起描绘着中华民族的形象，铸造着中华民族的灵魂。而在其表现形态上，俗文化则更显露出新鲜、明朗、生动、活跃的气质。它像一面镜子，折射出一个民族、一个地区的风土人情和生活百态。从这个角度看，进一步挖掘、整理和发扬俗文化是文化建设的一项战略任务。

俗文化，俗而不厌，雅美而宜人。不论是具体可感的器物，还是抽象的礼俗，读者都可以从中看出，千百年来，我们的祖先是在怎样的匠心独运中创造出如此灿烂的文化。我们好像触到了他们纯正的品格，听到了他们润物的声情，看到了他们精湛的技艺。他们那巧夺天工的种种创造，对今人是一种启迪；他们那健康而奇妙的审美追求，对后人是一种熏陶。我们不但可从这辉煌的民族文化中窥见自己的过去，而且可以从中展望美好的明天。

俗文化，无处不在，丰富而多彩。中华民族，历史悠久，地大物博，人口众多，在长期的生活积淀中，许多行为，众多器物，约定俗成，精益求精。追根溯源，形成系列，构成体系，展示出丰厚的文化氛围。如饮食、礼俗、游艺、婚丧、服饰、教育、艺术、房舍、变迁、风情、驯化、意趣、收藏、养生、烹饪、交往、生育、家谱、陵墓、家具、陈设、食具、石艺、玉器、印玺、鱼艺、鸟艺、鸣虫、镜子、扇子等等，都是俗文化涉及的范围。诚然，在诸多领域里，雅俗难辨，常常是你中有我，我中有你，彼此交叉，共融一体；有的则是先俗而后雅。

俗文化，古而不老，历久而弥新。它在人们的身边，在人们的生活中，无时无刻不影响人们的思想、观念和情趣。总结俗文化，剔除其糟粕，吸收其精华，对发扬民族精神，增强民族自信心，提高和丰富人民生活，都具有不可忽视的意义。世界文化是由五彩斑斓的民族文化汇成的，从这个意义上讲，愈是民族的，就愈是世界的。因此，我们总结自己的民俗文化，正是沟通世界文化的桥梁。这是发展的要求，时代的召唤。

　　这便是我们编纂出版这套《中国俗文化丛书》的宗旨。

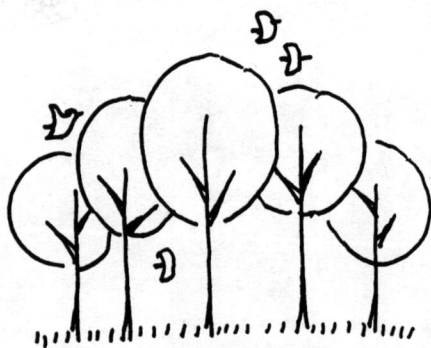

目录

一、语音篇：
南腔北调话方言

（一）"打"人头不犯法

"打"人头怎么能不犯法呢？侯宝林说的相声《戏剧与方言》中有一个"包袱"，说的是北方人在上海闹的误会，在这个误会中，"打"人头真的不犯法：

甲　上海洗什么东西都说汰。咱们说洗一洗，

　　上海话说汰一汰（"汰"音近似"打"）。

乙　洗什么东西都叫"打"？

　　甲　啊。

乙　比如说洗洗手绢儿？

甲　（学上海话）"汰汰绢头"。

　　乙　洗洗袜子？

甲　（学上海话）"汰汰袜（音近似"麻"）子。"
　　北方人麻子一听就得跑！要打麻子啦！

乙　听着是像。

甲　我到理发馆，怕他听不懂我的话，"你给我（指自己脸）刮刮。"

乙　结果呢？

甲　人家乐啦！（学上海话）"好格，侬坐下来。"（"下来"音"机里"）我说，"我是在屋里呀？"（学上海话）"勿是，是要侬坐下来！"让我坐下。

乙　这话是不好懂。

甲　是呀，我坐下他给我刮脸，刮完脸他指着我的脑袋问我：（学上海话）"诺，侬汰一汰好吗？"

乙　（惊愕）怎么，要打你？

甲　我说："你是就打我一个呀，是来这里的客人都打呀？"（学上海话）"一样格，通通汰格。"我一想通通全打，咱也别破坏这制度哇！（无可奈何地）打吧！给我洗头、吹风，完了拿过镜子一照："好啦呀！"

乙　好啦？

甲　我说，你怎么不打我啦？（学上海话）"汰过啦。"

乙　打过啦？

甲　（迟疑）我怎么一点不疼呀？（向乙）你说这个误会
　　多可笑哇！

吴方言与北方话的差距可见一斑。

1. 吴方言的历史状况

远古时期，今吴语区居民情况不得而详，仅在《小戴
记·王制》中载"东方曰夷，被发文身"，又载"南方曰蛮，
雕题交趾"。雕题，即以丹青雕刻额头。据《正义》解释："非
惟雕题，亦文身也。"这样看来，蛮、夷风俗相同，都文身。
东夷南蛮大概分布在今山东、江苏、浙江沿海地带。

《吴太伯世家》说，吴太伯和他的弟弟仲雍，都是周太王
的儿子，季历的哥哥。季历贤能，又生有圣明的儿子昌，所
以周太王就想立季历和昌。于是太伯和仲雍就投奔荆蛮，文
身断发，以表示再也不为周卖力。太伯到了荆蛮以后，自称
勾吴，荆蛮之人有千余家归顺跟随他。《正义》补充说："太
伯居梅里，在常州、无锡县东南六十里。至十九世孙寿梦居
之，号勾吴。寿梦卒，诸樊南徙吴，至二十一代孙使子胥筑
阖都之，今苏州也。"《索引》给"勾"作注，说"勾"是夷人
的发音，即"越"。《越勾践世家》说，越王勾践是禹的后代，

夏后帝少康的庶子，封会稽，以守禹祀，文身断发，披荆斩棘建立邑城。据后人考证，少康的少子号叫"于越"，越国之称从此而始，勾践都会稽山南。到春秋时代，吴王夫差为越王勾践所灭，越六世后又被楚所并，后楚又为秦始皇所吞。汉兴，刘邦封其侄刘濞为吴王。

汉赵晔《吴越春秋》和刘向《说苑》中有关于吴语的零星记载：

> 伍员奔吴，追者在后。至江，江中有渔父。子胥呼之，渔父欲渡，因歌曰："日月照耀乎寝已驰，与子期乎芦之漪。"子胥止芦之漪。渔父又歌曰："日已夕兮，余心忧悲，月已迟兮，何以渡为？事寝急兮，将奈何？"既渡，渔父视之，有饥色，曰："为子取饷。"渔父去，子胥疑之，乃潜深苇中。父来，持麦饭、鲍鱼羹，盎浆，求之不见，因歌而呼之曰："芦中人，岂非穷士乎？"子胥出，饮食毕，解百金之剑以赠，渔父不受；问其姓名，不答。子胥戒渔父曰："掩子之盎浆，无令其露。"渔父诺。子胥行数步，渔者覆舟自沉于江。

（《吴越春秋》）

这其中的"渔父歌"，是有记载的最早的一首吴歌。句式和语气词"兮"都近似楚语的民歌形式。《说苑》里记载了一首《越人拥楫歌》：

> 滥兮抃草滥予昌擅泽予昌州州鍖州焉乎秦胥胥缦予乎
> 昭澶秦逾渗堤随河湖。

其楚语译文为：

> 今夕何夕兮，搴舟中流。今日何日兮，得与王子同
> 舟。蒙羞被好兮，不訾诟耻。心几烦而不绝兮，得知王
> 子。山有木兮木有枝，心悦君兮君不知。

袁家骅先生以为，这首歌所代表的"越语"不属于汉语系统，不同于"吴语"的前身，因为原文和译文差距太大，即使把原文看成是语音的转写。①

晋时的吴语，可从南朝乐府民歌中的"吴声歌"一窥斑驳。"吴声歌"产生于当时的首都建邺（今南京市）一带，《乐府诗集》（宋郭茂倩编）说："盖自永嘉渡江之后，下及梁陈，咸都建业，吴声歌曲，起于此也。""吴声歌"中最主要的部分是《子夜歌》《子夜四时歌》，共存 117 首。据《唐书·乐志》说："子夜歌者，晋曲也。晋有女子，名子夜，造此声，声过哀

---

① 袁家骅等：《汉语方言概要》，文字改革出版社，1989 年 6 月第 2 版，
56 页。

苦。"基本上是抒写爱情生活的。其中显示了吴语的两个特点：一是"绵软"①，情词婉转，丽而不艳，向往、幻想、求怜、自怨，温柔敦厚，反复缠绵；二是显示了吴语的词汇特点，如第一人称用"侬"而少用"我"（"侬"多系女子自称，与"郎"、"欢"相对，且荆楚间流行的"西洲歌"里也有"侬"。而今吴方言"侬"多用作第二人称，相当于北方话的"你"）。

《世说新语》（南朝宋刘义庆撰）里的记载，对吴音的一些特点也有所说明。《雅量篇》说桓公埋伏刀枪手，欲在宴席上诛谢安等朝士，谢安却从容自若，边走向宴席，边作《洛生咏》，以北音咏颂浩江大河。桓见其旷远，就解兵就宴。谢安为江南名士，但咏诗却以北音，又加上少有鼻疾，语音浊，咏诵得很好。而后之名流诵《洛生咏》时，手掩鼻而学，也比不上他。这说明南音轻浮，北音重浊，在当时一般人都能感觉得到。

至南宋，建都杭州达 148 年之久，越中方言受北方话影响很大。因此，杭州话虽属吴语，但儿尾词很发达，人称代词也全用北方话的。

---

① 鲁迅：《南腔北调集·题记》。

　　明清以来，昆曲、弹词、小曲和小说里有许多说白和描写用的是吴语。明冯梦龙辑的《山歌》和顾颉刚 1925 年辑的《吴歌甲集》，都有对吴语生动的记录。如：

　　　　太太长，太太短，替吪笃小姐做媒人。问俚笃男家那光景？开月粮食店，标标致致小官人，一笔写算甚聪明。八月廿四来送盘，十二月廿四来讨小姐去：前头一顶破凉伞，后头两盏破鬈灯，抬到男家冷冰冰。一拜天，二拜地，三拜家堂和合神，四拜夫妻同到老，红绿牵巾进房门，坐床撒帐挑方巾。新娘娘偷眼看看新官人：新剃头来黑沉沉，眉毛好像板刷能，髭须好像甘蔗能，头筋里生满子栗子筋。细细能一打听，就是隔壁打米师父无锡人，害得小姐一生一世弗称心！

　　　　　　　　　　　　　　　　（《吴歌甲集·太太长》）

　　　　月亮亮，搦爆仗，家家团团出来白相相。拾着一管枪，触杀老鸦吪肚肠，肚肠挂拉枪簷上，拨拉老鸦唧子去做道场。道场弗好看，吹笛打鼓倒好看。城里娘娘骑子马来看，乡下人骑子狗来看，隔对河老太婆吪不看，游水过来看。

　　　　　　　　　　　　　　　　（《吴歌甲集·月亮亮》）

歌中"弗"（不）、"呒"（没有）、"能"（……的样子）、"白相相"（游玩、玩耍）等，都是典型的吴方言词汇。

典型的吴语小说是清末韩邦庆的《海上花列传》，韩是江苏松江（今属上海市）人，运用吴语得心应手，特别是人物语言，全用吴语。如第二十三回写一个在妓院帮佣的阿巧的一段哭诉：

> 俚哚（他们）个生活，我做勿转呀！早晨一起来末，三只烟灯，八只水烟筒，才（全、都）让我来收捉（收拾）。再有三间房间，扫地，揩台子，倒痰盂罐头，陆里（哪里）一样勿做。下半日汏衣裳，几几花花（许许多多）衣裳就交拨我一干仔，一日到夜总归无拨空（没有空闲）。有辰光（时候）客人碰和（叉麻将），一夜天勿困，到天亮碰好仔，俚哚末去困哉，我末收捉房间。

其后《九尾龟》《何典》等也用吴语写成。

现在，吴方言区域基本确定，靖江和丹阳是其北极，浙江温州、金华、衢州是其南界。典型的吴语，以苏州话、上海话为代表；浙南吴语，则以永康话为代表。

2. 吴侬软语

相传清乾隆年间，江苏吴江县塘河两岸不通，木匠之子徐明怀去苏州学修三年归来，建造了一座石桥。县令以为此桥不牢实，派人前去打探，回报说"笃笃定定"，县令讹听为"做做停停"，令人再探，准备重罚。桥上歇息的百姓齐声答道："笃定，笃笃定定。"即徐怀明造桥桥墩笃直，牢固极了。本来有功受奖，却差点因"笃定"二字受罚，问题就是出在吴语的发音上。"笃"，吴语读 dū，"敲"的意思，与"做"音近；"定"，在吴语中与"停"同音，这就难免县令听讹了。

吴语中不但"定"、"停"同音，有些北京话 b p、d t、g k、z c（zh ch）、j q，吴语中也一律读成 b、d、g、z、dz。越剧《梁山伯与祝英台》中"台"，北京送气读 t，吴语不送气读 d。其余如"旁陪平"声母读成"棒倍并"声母，"同淘图"声母读成"动倒独"声母，"葵"声母读成"跪"声母；"残才存藏""字坐昨赠""陈传乘查成垂""住直茶助植"四类字声母一律为 z，没有 zh ch。这是吴语"绵软"的重要特征之一。

大家知道，在我国大部分地区，特别是北方，送礼忌送书和钟，因为北方话中"书"音与"输"相同，"钟"音与"终"相同，不吉利。传统相声中还有专以"送钟（送终）"嘲说话不吉利者。但是，谁想从十多年前开始，上海地区青年人结婚却一反俗习，可以送钟了。

　　"钟"是因"书"而得福成为吉祥物的。原来，吴语中"书"和"始"同音，"钟"与"终"同音，送一本书，送一台钟，就是对新婚夫妇最好的礼物，它们谐音"有始有终"，寓贺新婚夫妇白头偕老。怪不得《辞海》在刚刚出版的时候，在上海很难买到，很多书店门口贴着告示，声明可凭结婚登记证明购买一套《辞海》。

　　"书"与"始"在吴方言中同音，是因为它只有一套舌尖音声母 z c s，而北京话中却有两套，即 z c s 和 zh ch sh，这就造成了两种情况：一是吴语中"资之、子纸、刺至、思师、自市、此史"不分，都把后字读成前字；二是由于 z c s 和 u 相拼时舌位靠后，和 ι 相拼时舌位又靠前，所以"书"的韵母和"始"的韵母就都成了 ʮ，因此，"支猪、旨主、智注、诗书、耻暑、时如、试树、示处"等又成了同音字。这一特点形成了吴方言轻柔的风格。

　　吴方言区内，越剧和沪剧是两大地方剧种。越剧已随着《梁山伯与祝英台》《红楼梦》而家喻户晓，而沪剧则属于东乡调，至多不过二百年的历史，其定为沪剧则最多不过四十多年。根据赵树理小说《登记》改编的《罗汉钱》，是一出有名的沪剧。剧中艾艾有这样一段唱腔：

金黄锃亮罗汉钱，小巧玲珑惹人爱，滴溜圆呀，中间有个四方眼，心眼里呀，瞧见一个李小晚，对我笑口开。

这段唱腔，如果用官话演唱，其中的"爱"、"眼"、"晚、""开"就不押韵；但是，由于沪剧是用上海话去唱的，特别是对白，完完全全的地道上海话，所以，唱起这段时，就押韵了："眼"、"晚"的韵母都是 ε，与"开"、"爱"韵母相同了。

从这里，我们还看出吴方言韵母两个方面的问题。第一，为什么"林妹妹，我来迟了"一句苏白急缓有致、轻巧凄冽，任何别的地方剧种的念白达不到这种艺术效果？就是因为吴方言单元音丰富，很少 ai、ei、au、ou 等复元音，"妹""来""开""爱"等韵母没有滑动过程，再加上有些入声字读音轻短，所以吐音轻巧纤丽。第二，吴方言把北京话的 an 韵母读成 ε，例如：担胆谈淡坎惭暂喊兰斩搀站凡犯丹滩炭灿伞兰班扮盼办产绽蛮反饭；而把 ian 读成 i，例如：陷尖渐检盐厌点添甜兼拈念艰雁变篇钱建乾掀言绵面连边片典天电千肩眼年怜烟现恋。

（二）888，谁能"发"？

提起"8"，国人无不把它与"发"相联系，"发"遍大江南北，千家万户。实际上，这只是近几年出现的全国性质的民俗事象。以前，"8"在中国大多数地区，只是作为一个偶数，取其成双成对的意思。如北方农村讲究"三六九出门，二五八回家"；有些地方如安徽的某些山区，因殡葬抬棺须用8个人，甚至讳言"8""发"也只是用在实实在在的"发财致富"和作为贺词的"恭喜发财"上，并没有单独用作口彩语；作为人名的"发"，也大都改为"法"，失去了解放以前赋予的口彩意义。有些地方还忌讳说"发"，把它和尸体腐败时的肿胀情形联系起来，甚至成为咒骂语。

"8"风靡全国，是粤语的功劳。在粤语中，"8"借与"发"谐音，而成为"意头"（即口彩），"888，发发发"、"518，我要发"、"168，一路发"，都成了上等的口彩。只要沾上"8"，都是发财的喜兆。大家在8月8日出门，就感觉到是日要发财而精神抖擞，红光满面；公司店铺开张挑选吉日，非"8"莫属；卖货成交，必有6和8。有人说，在广州买东西，你可以早去或晚去点，跟老板讲价时最好用带"8"的价，那么他们为了开门大吉或收市吉利，常会讨了你这个大吉，而让你赚便宜。如今这种状况已扩大到社会生活的方方面面，如手机号码、车牌号码、楼牌室号，带"8"的都要贵，

"8"越多，价越高。

更加可笑的，是"8"字崇拜的一些极限事例：有人受伤，被医生缝了七针，他坚决要求医生再给补上一针，以便凑上八针，沾上"8"字；一广东大款驱车违章，被警察罚款200元，他央求警察，接受他800元罚款，警察不同意，他竟在下一段路上又连续违章，直至凑足800元；为了赶在8月8日、8月18、8月28让小宝宝生下来就沾上"发"的吉气，这三天各医院要求剖腹、提前生产的夫妇特别多……

1. 粤语，汉语的混血儿

人们用"鸟语"来称谓粤语，足见它与其他方言的差距之大；也有人说，粤语不是汉语的分支，而是另外一种独立的语言；更有人感叹，外人听粤语学粤语比听外语学外语还难。但是，揭开粤语神秘的面纱，我们仍能清楚地看到粤语是汉语发展的结果。

粤是广东的别称。广东为古百越之地，"越""粤"乃古同音同义字，《史记》写作"越"，《汉书》写作"粤"，粤语更是"越""粤"不分。《汉书·地理志》注说："自交趾至会稽七八千里，百粤杂处，各有种姓。"《通考》也说："自岭而南，为蛮夷之地，是百越之地。"可见，百越包括许多部落，不完全是汉族。1958年广东曲江"马坝人"遗址的发现，告诉人们大约在10万年前，即在中原地区还处在北京人的时期时，广东就有原始人在这里生息，马坝人正是岭南土著族的先人，是广东人远古的祖宗。

岭南地区介于山海之间，五岭雄倚其北，南海滨绕其南，东西各竖阴那山、十万大山、罗浮山等山脉，气候炎热多雨，为"沼泽瘴气弥漫"之地。在这样的地理条件下，岭南土著民族很难和周围其他民族发生密切的经济、文化联系，外人也很难进入这块神秘的土地，其古代灿烂的文化很少为外人所知。加上中原民族自己在政治、经济、军事、文化等诸方面均领先一步，所以在相当长的一段时间里，岭南土著族被中原视为化外之民，被贬为"蛮""夷"，岭南也被称为"蛮荒之地"。直到战国末期，他们才与其他江南民族被合称为"百越"而载入史册："扬州之南，百越之际。"（《吕氏春秋》）

公元前214年，秦始皇使任嚣、赵佗二将率20万军队平越，统一了岭南，并设置了海南郡，岭南大地开始纳入统一的中国版图，其后，又谪戍五十万，从中原迁徙十几万人到岭南与土著民族杂居，开始了对岭南的经营和开发。秦的统一为岭南带去了先进的生产技术和中原文化，当土著民族本能地抵抗异族及其文化一段时间以后，便渐渐接纳了汉民族和汉文化。汉越和睦相处，出现了民族融合的景象。

由于岭南自然环境很难与外界联系，使得中原王朝对它鞭长莫及，所以当秦亡而刘邦、项羽争夺天下的时候，南海郡尉赵佗割据岭南而建立了历史上第一个南越王国。王国采取了"和集百越"的民族政策，缓和了汉越矛盾，逐步消除了民族隔阂，于是，既有越人由于接受了汉族较先进的技术和文化而有所"汉化"，也有汉人由于生活环境的改变而受越人的影响而有所"越化"。

西汉统一南越地区以后，大批汉人进入南越，开始产生了民族同化。到东汉末，与汉族密切交往的南越部落和部落联盟，因其社会发展水平与汉族趋于一致，与汉族融合了，成了广东汉族的重要来源之一。而那些地处边陲或崇山峻岭、交通闭塞的南越部落，则仍然保持着原来的社会组织、经济结构和生产方式，最后逐渐发展为今天在广东境内的其他少数民族，如黎族、壮族等。如今，黎、壮族仍保持着古越族人的原始婚姻形式，叫"唔落家"，即不落夫家；海南黎人近代也保留着古越人的文身习俗。

西晋末年，北方大乱，汉人相率南下；东晋之后，北方外族迫境，朝廷权贵情钟江南，于是群雄逐鹿岭南，割据兼并，烽火连天。唐武德年间（618～626），岭南竟有州49个之多。唐以后以两广安南为岭南道，分为广、桂、邕、容、安南五管，广置州郡，大事开发；同时，又把岭南当作文人贬谪发配的地方，宋璟、韩愈、苏轼等政治文化名人先后被贬岭南，对当地文化的传播不无影响。今天粤方言区的海外华侨爱称自己为"唐人"，并在外国建"唐人街"、"唐人路"，都是唐代汉人大批南迁的史证。

南宋末年，北方蒙古人大兵压境，成批的汉人因避战乱而南迁，经赣、闽等地辗转入粤，有不少到达了粤方言区。这次移民使广东进一步汉化。广东后来的许多"望族"，多是宋末随皇帝逃难而来的。清中叶以后，海禁大开，中外贸易日盛，广东成为我国出海要道，各地到广东经商的人日益增多。如今，因广东经济开发先行一步，大批的淘金者涌入广东，特别是科技人、管理人、文化人、演艺人等的百万雄师"南伐"，共同促进了广东的经济繁荣与文化的发展。

那么，粤语的形成和它发展的复杂性就可想而知了。随着汉越民族较大规模的杂居，交往的不断增加，逐渐汉化的土著民族开始逐渐接受汉语了。而这种作为汉粤交际的汉语，由于粤地山川阻隔，交通闭塞，和北方汉语的距离越拉越大，难免脱离北方汉语的发展轨迹而独自保留了较多的古汉语成分，结果使得今天粤语的语音比北方话语音更多地保留了古音的痕迹；另一方面，这种汉语经过来源于民族杂居而引起的语言影响和渗透而逐渐发展为今天的重要的地区方言——粤语。

正因为粤语是古代汉语和古代越语杂交的"混血儿"，所以粤语除了具有许多汉语的特点外，也保留下来了许多古越族人的语言习惯。例如，粤语中保留了岭南越人喜欢自称的"细佬"和称别人的"大佬"；粤方言"细想"叫"捻"，"玩"叫"撩"，"腹面"叫"腩"，"按住"叫"揿"，都可在壮语方言里找到；粤方言把"客人"叫"人客"，"干菜"叫"菜干"，"公鸡"叫"鸡公"，"公牛"叫"牛牯"，正是壮侗语构词法的重要特点；两广有许多地名都冠以"那"（罗）"六"（"绿"、"渌"、"禄"、"菉"，"陆"）"南""板""都""古"等字样，跟广西壮族聚居地地名是同一类型。那，壮语是水田；六，壮语是山谷；南，壮语是水；板，壮语是村寨。

粤方言正是由于特殊的历史背景、地理条件及民族杂居等多种原因，一方面继承并发展了许多古汉语的本质的因素，另一方面又吸收了一些非汉语因素，从而形成了它的方言特征的。这些语言特征，使得粤语也只能在今天的两广地区及香港、澳门等昔日曾为南越人生息的地区成为地区方言，也只能随着粤人华侨而传到国外。尽管"唐人街"中的汉语就是粤语，尽管《美国之音》对华广播节目把普通话和广州话作为两套节目向中国听众播放，尽管广东经济"北伐"气势汹涌，尽管粤方言的许多词汇如"炒鱿鱼""爆棚""打的"等已被普通话所吸收，尽管粤语歌曲天天听、粤语对白电影天天看……但语言的巨大差异，很难使其他方言区的人们全方位接受粤语。

2. "鸟语"拾零

(1)"空房"为什么说成"吉房"？

粤方言没有"空房"，只有"吉房"，也就是说，粤方言把"空房"说成"吉房"。原来，粤方言没有 j q x 这一套声母，北京话读 j q x 声母的，在粤方言里，大多读成了 g k h。例如：把 j 声母读成 g 的有"基金交斤骄居君近巨"，把 q 声母读成 k 的有"启求其琴勤权琼穷"，把 x 声母读成 h 的有"希虾轩兄凶鞋系下"。这样一来，"空房"就与"凶房"同音了，既然是"凶房"，谁还能住？谁还再去租赁？因此，在广东大大小小的信息载体上，到处是"吉房出租"、"求吉房"。

避凶求吉是中华民族的共同心理。在广东，这种心理发展为根深蒂固的严重迷信思想。表现在语言上，凡是与发财、吉祥有抵触的字音，一律要改变说法。如：

猪红，即"猪血"。因忌"血"而改称。

猪润，即"猪肝"。因"肝""干"同音，不吉利，换了个意义相反的"润"。其他动物的肝同样也叫"润"。

猪脷，即"猪舌头"。因"舌""蚀"（折）同音，不吉利，改作"脷"。其他动物的舌头也叫"脷"。

通胜，即"通书"（北方人又称"皇历"）。因"书""输"同音，不吉利，改为"胜"。

胜瓜，即"丝瓜"。因"丝"与"输"音近，不吉利，改称"胜"。

遮，即"伞"。因"伞"与"散同音，不吉利，改称"遮"。①

在酒宴上，酒酣耳热之际，广东人往往频频呼叫"胜嘅，胜嘅"，然后一饮而尽。实际上，"胜嘅"就是"干了吧！"即

---

① 袁家骅等：《汉语方言概要》，207 页。

内地人的劝酒词"干杯"。原来，广东人又在这个词上取"意头"了："干"与"枯"在粤语中同音，属于不吉利字，要换上一种吉利说法。"摸住酒杯先（才）有生意倾（谈）"，生意成功，才开怀畅饮，故说成"胜嘅"，比改称"润嘅"之类，更赋予了竞争意识。

说起"意头"来，人们对前几年华东地区遭受水灾时广东人纷纷解囊捐助的情景记忆犹新。那时的电视荧屏上，鸣谢字幕中，频频出现的是"23"（"易生"）和"29"（"易救"），"24"则绝对找不到，"4"谐音"死"，是咒语。

所以，与广东人打交道，要谨慎别发出"触霉头"的音。但是，粤语有许多音很难与北京音相对应，北人自以为避开的不吉利音，弄不好正好是粤语的不吉利音。所以，有许多打工者，在不知不觉中，就因说话触犯了老板，甚至因此而被"炒"了"鱿鱼"。

下面所列词语，是粤语目前常用的社交词语，加点字在北京话中读 j q x，而在粤语中读 g k h：

几好(您好)　客气　唔紧要(没关系)

得闲(有空)　再见　请起筷(请用餐)

家父(父亲)　贵校　我就係(我就是)

令兄(哥哥)　荣幸　介绍吓(介绍一下)

今日(今天)　教育　白斩鸡(白切鸡)

起身(起床)　届时　咸湿佬(下流汉)

番枧(肥皂)　香港　谂计仔(想点子)

香枧(香皂)　京剧　好抱歉(很抱歉)

都说广东甘蔗便宜，一问售货员，每根七分，真是便宜得出乎意料。但交上七分钱，售货员却不让拿走甘蔗，原来是"根"、"斤"粤语不分，是七分钱一"斤"而不是一"根"。这就是这类字南北读音差异所造成的千万个误会中的一个。

(2)"的"并不是广东话

提起"打的"，都市生活的人们无人不晓，即乘坐出租小汽车。围绕"打的"的出现，创造出了一大批"的"族词汇，如"轿的"、"面的"、"摩的"、"木的"、"的哥"、"的姐"、"的嫂"、"的票"、"的单"。并且许多人知道"打的"一词来于广东，以为"的"就是广东话。这就大错而特错了。"打"，是截停了再坐上去的一个动作过程，属于汉语词汇，而"的"则是出租小汽车英语音译中的前一音节的汉字书写。"打的"是广州改革开放以后创造的中西合璧的词语，比国粹"乘坐出租小汽车"简约，又加上"乘坐出租小汽车"怎么简说都会产生歧义，因此，哪里有出租小汽车，哪里就同时接受了"打的"。

要觉得广东搞这种中外合璧的词语不伦不类，那可就少见多怪了。在粤方言里，外来语随处可见，随处可听。有许多是直接音译的外来语，如"仙"（铜钱）、"咭"（卡片）、"镴"（铝锅）、"咪"（海里）、"多士"（烤面包）、"菲士"（面子）、"菲林"（胶卷）、"朱古力"（巧克力）、"士多"（小卖部）。也有许多是在音译的前或后配上一些容易理解的汉语，如：酒吧（酒吧间）、恤衫（衬衣）、蛋挞（一种加鸡蛋的甜点心）、车卡（车箱）、识嘟（会做）、梳化椅（沙发）、咖喱粉（咖喱）、打卜成（拳击）。"打的"也是用这种形式所构成的词语。最有意思的要算"波"。"波"为"球"的英语音译，故广东人把观看球类比赛说成是"睇波"（"睇"是古语词，看），踢球是"踢波"，并且凡是球形的东西都可以与"波"一起称呼，如乳房也可以叫"波"，把香港某艺员因其有特殊身段而称作"波霸""大波妹"，并以此创造了歇后语：巴西前锋——好波，把男女亲热叫作"打波"、"打友谊波"；因工头、领班、大老板、资本家大多大腹便便而称之为"波士"（这是粤语区一般人的理解，实际这是个纯音译词，英语作 boss）。

广东的外来语多，主要是生活在洋货中，和洋人打交道多。通过香港，广州成了新潮的试验场。如果让为中国洋货泛滥而惊呼"狼来了"的人们去广东的商店、家庭看看，那肯定认为中国货完了。广东没有一处是纯中国货，吃穿住行用，洋货一应俱全。洋衣洋鞋洋领带，洋"液"洋"霜"洋"蜜膏"，洋车洋酒洋"喇客"（小蜜），洋家电、洋家私，洋工厂、洋公司。这些"洋"介入了广东人的生活后，粤语就用了最懒最笨也是最直接的办法，吸收了这些"洋"的洋名字，粤方言更热闹了。

(3) "斧头"能吃吗？

粤方言中，f 声母的字要比普通话多。除了古非敷奉母的一些字，如"夫非翻分方风福法房父饭"读 f 同普通话以外，古溪母合口的部分字，即普通话读 k 的，粤方言也读成 f，如"枯科奎魁宽苦款库课况"；古晓母合口一二等字，即普通话读 h 的，粤方言也读成 f，如"呼花灰欢婚荒忽火虎霍"。因此，粤方言区的人到了北京，就会闹出许多笑话：

有一位广东人出差北京，到服装店想买裤子，就问服务小姐："小姐，有没有合我穿的附子？"服务小姐摇了摇头，说："先生，这是服装店，不卖附子。请您到对面中药店去买吧!"

同样，在广东，"斧头"也能吃。因为在粤方言里，"苦""斧"同音，声母都是 f，所以，就有了"做生意可吃斧头啦""公司发展到今，吃了不少斧头"的说法。

易出这种笑话的词语，还有许多。例如：枯枝——夫妻、科学——佛学、仓库——娼妇、方糖——荒唐、呼吸——伏羲、虎头——斧头、花费——发肥、昏花——分发、灰心——分心、理化——理发、恍惚——仿佛

(4)"我姓王，不姓黄"

有一次，著名的语言学家王力到广州，许多人都叫他"黄先生"，弄得他很难为情，忙声明说："对不起，我姓王，不姓黄。"

实际上，广州话是把"黄"念成 wang，接近"王"音的。也就是说，广州话除了古影母合口一等字和古喻母合口三等部分字读 w 母同普通话"蛙窝歪威弯温挽往王旺"之外，还有古匣母的合口即普通话读 h 母的一些字也说 w 母，如"湖华回还黄宏祸惑坏"。像"电话"，广东说成"电袜"、"黄梅戏"说成"王梅戏"。那么，按广东话应该把"黄"说成"王"，而不可能把"王"说成"黄"才对，怎么会出现了把王

力先生称为"黄先生"的情况呢?

原来,这是广东人学说普通话矫往过正的原因导致的。在广州话里,声母 h 是不同韵母 u 相拼的,广州话里没有 huang、huai 这样的音节,习惯上说不出来,于是就用自己方言中的声母去代替,凡遇到阴声调的字就念成 f,遇到阳声调的字就念成 w,用 w 代替 hu 这个声介合母。如:华 huá→娃 wá、坏 huà→外 wài、回 huí→为 wéi、还 huán→完 wán、护 hù→悟 wù。为了纠正这种情况,他们便把所有 w 声母的字,一律换成 hu,所以这种矫枉过正就连本应普通话和粤方言都读 w 的,如"蛙窝歪威弯温王往旺"等,读成了 hu,于是"王先生"就成了"黄先生"。

(5)"万岁"与"慢睡"

粤方言里,m 声母的字,除了古明母"妈摩眉谋模民门买妹末"等与普通话相同外,古微母的字"微文尾晚味务问望物袜"等也读成 m 母,于是,纹路——门路,物件——木件,未来——妹来,味道——妹到,袜子——骂子,问题——闷题,今晚——今满,新闻——新门,武打——母打,文化——门化,未晚——妹满,千万——千慢。自然,"万岁"也就要"慢睡"了。

要想读好这些字的北京音，就需把古微母的这些字，改为读 u 韵头的字，去掉声母 m。

(6)"下楼"与"下流"

一位广东人与他的北方朋友正谈得起劲，楼下忽然有人叫他。广东人就对朋友说："请你等一等，我下流。"朋友想，你不"下流"啊，即使你下流，也没有这么坦率承认的呀！过了一会儿，广东人回来了，对客人说："对不起，让你狗等了！"客人又纳闷了，刚才说自己下流，现在又说我是狗，这广东话怎么回事呢？

这位朋友还没听过广东人朗诵王之涣的名诗《登鹳雀楼》，听过了就会恍然大悟：

　　白日依山尽，黄河入海楼。欲穷千里目，更上一层流。

原来，广东人在说普通话的时候，往往把该念 ou 韵母的，念成了 iou 韵，或者恰恰相反，把该念 iou 韵母的，念成了 ou 韵。而在粤方言中，ou、iou 本没有什么区别，全都读为 au。如"欧狗口偶后斗头楼抽收"(以上北京读 ou 韵母)、"牛九久救究流刘酒秋修"（以上北京读 iou)。因此，在学普通话时，这些字音就弄得广东人无所适从，不知道哪些该读 ou，哪些该读 iou，闹出了许多误会。

"文化大革命"时期，各公社、村剧团大都上演过现代京剧《智取威虎山》，在《会师百鸡宴》一场中，粤方言区的人由于方音难改，一般会惹得全场哄然大笑。如匪参谋长劝乔装老九的解放军杨子荣留下："（向杨子荣）老狗，老狗……（转向座山雕）三爷，老狗不能走啊！"

（三）李耳的故事

1. 湘语杂说

李耳是我国道家学说的创始人，名聃（dān），被后人尊称为老子。相传他和他的弟子们到南楚游说的时候，正碰上一家办喜事，他便让一个弟子去讨点吃喝。弟子对正在观看新郎新娘拜天地的楚人说："各位，你们知道李耳吗？他经过此地，想要点吃喝……"还没等他说完，楚人们便"轰"的一声，边惊呼"李耳来了"，边四处奔逃。弟子莫名其妙，对藏在桌子下面的新郎新娘说："你们这是怎么了？听说我师傅来了，便惊恐成这个样子？"新郎听了，颤抖地问："李耳是你师傅？他不是老虎？我们这里把山中吃人的大虫叫李耳！"弟子听了，恍然大悟，说："那么，你们就不要叫我师傅李耳了，就称他李子吧！"谁知新郎勃然大怒，从桌底下爬出来，撵走了弟子："你这个狂徒！刚才胡言乱语，惊吓了大家，现在又来讨我们的便宜！"原来"李子"在当地与"老子"同音，而"老子"就是父亲，故而新郎大怒，弟子遭撵。

这个传说，在我国第一部方言著作——汉代扬雄（公元前53年～公元18年）所著的《輶轩使者绝代语释别国方言》（简称《方言》）中找到了史证。卷八云："虎，陈魏宋楚之间或谓之李父，江淮南楚之间谓之李耳，或谓之於菟。"把"李子"当成"老子"，也是有史料可证的。有人研究屈原的《离骚》，以为"离骚"就是"牢骚"，古代"离""牢"同韵，那么，"李""老"也应该同韵。此外，我们尊称古代一些思想家，全部用姓后加"子"的形式，如孔子（孔丘）、孟子（孟轲）、庄子（庄周）、墨子（墨翟），李耳也应该称"李子"，叫他"老子"，正好说明"李""老"可能曾经同音，而在语言分化过程中，可能由于避讳或者别的原因，就把"李子"称为"老子"了。

通过这个故事，我们看到的却是楚语与其他语言的巨大差异。《孟子·滕文公下》记载了一个故事，叫"一傅众咻"，说的是齐、楚两地语言的巨大差异：

　　孟子谓戴不胜曰："子欲子之王之善与？我明告子。

有楚大夫于此,欲其子之齐语也,则使齐人傅诸?使楚
人傅诸?"曰:"使齐人傅之。"曰:"一齐人傅之,众楚咻
之,虽日挞而求其齐也,不可得矣。引而置之庄岳之间
数年,虽日挞而求其楚,亦不可得矣。"

在古代,齐语与楚语是并列的南北两大方言。古楚语分
布在湖北、湖南和长江中游南岸一带,可以算作是今天湘语
的前身。从春秋战国时期越灭吴、楚又灭越等政治疆界的变
动看,汉代以前长江以南广大地区的几个方言应该是相当接
近的,故扬雄在《方言》里提到吴楚、吴越、荆吴、荆扬、荆
吴扬瓯、荆吴淮洒。这些历史上的相互联系,特别是三国时
期孙权建吴,在江南发展政治势力,造成了今天湘语和吴语
有些突出的特征是共同的。

今天的湘方言,虽然有浊声母,但由于南、北、西三方
面受西南官话的包围,有很多地方没有了浊声母,如长沙话;
其方言的特殊面目,就像赣方言那样,变得越来越模糊,同
北方话越来越接近,最后必将变得难以识别。

2. 湘音咀华

(1) 人家的"媳妇"睡不得

湖南江永县有个农民到云南做生意,天黑路遥,就到一

山村求宿。来到一家门口，正遇到树下乘凉的老大爷，江永人便放下担子，笑嘻嘻地对老大爷说："老人家，天快黑了，你积一下德，让我在你细务里睡一夜好不好？"老大爷忽地站起来，上前就给了他一个耳光，怒骂道："哪来的野种？我媳妇刚过门，能让她跟你睡吗？"江永人丈二和尚，也很恼火，说："你细务不给睡就不给睡，为什么打人？"老大爷一听，更加恼火，操起手杖赶走了江永人。委屈的江永人哪里知道，他说的新屋叫"细务"，而把"务"又读成 f 声母，让人听成了"媳妇"，人家的"媳妇"能让你睡吗？

还有一个故事，说一个湖南人到北方某地做县令，上任伊始，便下乡体察民情，用湖南话问下属："你们这里红土如何？"下属忙答："秉老爷，本乡红土质量上乘，遍地都是！"县令不悦，说："我问的是红土，不是红土！"下属说："对呀，我回您的就是红土呀！"

两个故事，前一个主要是由于方言词引起的误会，"务"、"妇"相混；后一个却涉及湘方言古非敷奉晓匣五组合口字的读音问题。读 h 或读 f，与北京话有差别。通摄的字，湘方言一律读成 h。所以，"风"也就读成了"红"，"风土"即民风民俗，也就被人家听成了"红土"。此外，遇蟹止臻宕五摄的字，一律读 f，"狐"成了"府"，"灰"成了"肺"，"毁"成了"肥"，"昏"成了"坟"，"荒"成了"方"。

(2) 救鞋子

一位北方人到衡阳出差，搭船过渡时，忽听身后一位妇女大声喊叫："坏事了，我的孩子挤掉了水里啦！"北方人毫不迟疑，转身扑入水中救人。谁知这下惹得人们惊慌不已："不得了啦，有人想自杀啦！""快救人哪！"同船中几个会水的人争先恐后跳入河中，很快就把北方人拖到了船上。北方人说："别救我，快救孩子！"大家赶忙问："什么孩子？没见河里有孩子呀！"北方人说："这位大嫂不是刚才呼喊她的孩子掉进河里了吗？"人们不禁大笑起来，原来这位妇女掉进河里的是一只鞋子。

还有一个鞋子的故事。在北方当兵的湘南人在街上拾到一双新鞋，以为是前面一位姑娘丢的，就走上前叫道："女崽，女崽，你跌给孩子啦！"姑娘大怒，骂湘南兵是臭流氓。

不光是湘方言，南方的其他方言，如粤语、客家话等都把"鞋"读成"孩"，这是古音在南方话中的保留。也就是说，古晓匣母在今北京话中分化成了两类，一类读 h（晓匣母开口一等字），一类读 x（晓匣母开口三四等字），而南方方言仍读作 h。与此相同的情况，还有 g 和 j、k 和 q。甚至江北某些北方方言区内，也在个别白话词中残留着这种古音演变的痕迹。例如，在鲁东南地区的例子：

解（gɛ）锥	姜家（ge）庄	夹（ga）肢窝
翠（gang）嘴	膕（gang）子	缰（gang）绳
脖颈（geng）子	怠懈（hɛ）	就像（hang）是

即使在北京话中，也有一些由于 g j、k q、h x 而造成的一字多音多义现象，如：

行 $\begin{cases} \text{xíng} & \text{行路　行动} \\ \text{háng} & \text{银行　米行} \end{cases}$

壳 $\begin{cases} \text{qiào} & \text{地壳} \\ \text{ké} & \text{鸡蛋壳} \end{cases}$

巷 $\begin{cases} \text{xiàng} & \text{街巷} \\ \text{hàng} & \text{巷道} \end{cases}$

吓 $\begin{cases} \text{xià} & \text{吓唬} \\ \text{hè} & \text{恐吓} \end{cases}$

（3）"同志"是"聋子"

毛泽东同志是湖南人，扮演他的几位演员在屏幕上也摹说他的湘方言，其中最多的是"聋子""小聋子""老聋子"。结合剧情，观众都会明白，"聋子"指的是"同志"，但脱离剧情，就让人们不好明白了。

在湘方言中，"志"的读音和"子"相同，声母都读 z，特别是湘中山区，除古止摄字读 zh ch sh 如"知执止至痴尺耻直尸失使世"外，其余普通话读 zh ch sh 声母的字，一律读作 z c s。有这么一个笑话，是说 sh、s 不分造成的误会的：一个湘方言区人分配到北方当大夫，一个北方妇女来找他看病，他察看了她的舌苔后诊断说："你发烧了"。由于他的方言"烧"读成 sau，与北方话"骚"同音，而在北方话里，"发骚"是指女人发情、性欲大，等于骂女人放荡，勾引男人，所以马上引起了看病妇女的强烈反感，而年轻医生不晓得自己闯了大祸，还用手贴在妇女额头摸体温。妇女大怒，猛地推开医生，骂道："你年纪轻轻不学好，你这个臭流氓，调戏我，瞎了眼！"

其实，在南方方言里，吴、闽、客家、粤方言都没有舌尖后音 zh ch sh，长沙话也大都没有。如吴方言把诗人说成"私人"，找到说成"早到"，重来说成"从来"，粤方言把知道说成"鸡道"，少数说成"小数"，诗人说成"西人"。北方话中，也有许多地方没有 zh ch sh，如鲁西南方言特别是大运河两岸，读 zcs；有些虽有 zh ch sh，但所管的字数与普通话也不完全一致。如山东东潍方言区，把 zh ch sh 分读为 z c s 和 zh ch sh 两组，争≠蒸，抄≠超，生≠声；济南话基本同普通话，但又把部分普通话读 zcs 的，也读成了 zh ch sh，如"责策色"。

（四）没有特色的方言

赣方言区，春秋时代是吴、越、楚三国的交界处，汉代介乎荆、扬二者之间，古代这片土地上的居民语言跟吴语和楚语可能有着十分密切的关系。到东晋末年，中原汉族因受北方部落侵扰，纷纷避乱大举南迁，到达江西中部，并以此为中转站，继续南迁，因此原土著族的语言由于周围方言的影响，由于汉人的大批进驻，早已失去了特色。到了今天，赣方言成了缺乏独立特征的一种方言了。赣东南接近客家话，赣北接近下江官话，赣西和湘语界限模糊，赣东一小部分地区接近吴语。

赣方言的特点是古全浊声母今读塞音、塞擦音时，不论平仄都是送气清音，而与北方话古全浊塞音塞擦音平声声母变为送气清音、古上去入声声母变为不送气清音形成了对照。如：

南昌	北京	字 例
p	p	坡破批普票泼（古滂母）爬婆皮菩牌陪袍瓢盘彭盆平蓬（古并母平声）
	b	部败倍抱办伴辫并病拔别鼻白薄（古并母仄声）
t	t	他拖体泰铁脱（古透母）提驮台桃头条谈团田藤停囤唐同（古定母平声）
	d	惰渡弟大兑盗豆蛋段邓殿定遁荡洞敌（古定母仄声）

q	q	区悄牵轻犬羌曲（古溪母）且妻秋千青七（古清母）群茄奇求乾芹裙权穷强（古群平声）齐脐瞧钱墙秦情全泉（古从母平声）
	j	巨拒技轿舅俭近及倔倦绝匠局（古群母仄声）藉聚就渐践尽静净集疾寂（古从邪母仄声）
c	c	搓雌粗猜操凑参寸聪策（古清母）慈才惭曹从（古从母平声）
	z	在坐自字皂造赠贼族（古从母仄声）

在韵母方面，i、y、ε、ə 等主要元音之后，一律收－n尾，不收－ŋ尾。如北京读 eng 南昌读 en 的：登赠省能更庚征证秤；北京读 eng 南昌读 in 的：盟萌；北京读 yŋ 南昌读 yn 的：永泳。

赣方言还把一部分普通话读 ei 韵母的，读成 i，如"杯背碑卑悲北贝辈倍被备培陪赔沛配佩梅枚媒煤眉霉每美谜妹"。"文化大革命"时期，有一个江西干部被借调到北方农村搞社教。年终分配时，在会上对社员进行完思想教育之后，宣布："今年分屁仍要实行按劳分屁！"这下可炸了，社员们喊叫起来了："什么？想把屁分给我们，这是污蔑贫下中农，污蔑大好形势!"便把他轰下了台,队长告他到了社教总部。江西干部因自己说了方言而遭到停职检查的处分。

(五)𠊎话岛屿

1. 他乡为客

"𠊎话"指的是客家话,因客家话称"我"为"𠊎"(gai),故称客家话为𠊎话。

客家话的形成和分布,是他乡为客的结果。据近代学者考证,五胡乱华是客家话和闽语的萌芽:"客之先,居丰镐河洛齐鲁之交,或为衣冠世族,或为耕凿遗民,皆涵濡于二帝三王之化。自东晋永嘉五胡蹂躏,冠带数千里之地,戎膻污染,靡有宁居。于是衣冠之族,豪杰之徒,如侃逖峤崐之辈,相与挈家渡江,共图恢复,王谢之家,尤为卓著。王谢旧河东太原人也。其余入闽著姓,则有林邵何胡等八家。其他流民避乱江南,流离转徙,有南徐南司等州郡,谓之侨军州。军州即今之州县,所谓侨者即客耳。"[①] 以后又有四次大的迁移:

---

① 杨恭恒:《客话本字》。

迁徙次序	迁徙时代	迁徙原因	迁徙起点	到达地点
第一次	由东晋至隋唐	匈奴及其他外族入侵，迫使汉族南迁避难	并州司州豫州等地	远者到达江西中部，近者到达颖淮汝三水之间
第二次	由唐末到宋	黄巢起义，为战乱所迫	河南西南部，江西中部北部及安徽南部	远者达循州、惠州、韶州、近者达福建宁化、汀州、上杭、永定，更近者达江西中、南部
第三次	宋末到明初	蒙元南侵	闽西，赣南	广东东部和北部
第四次	自康熙中叶到乾嘉之际	客家人口繁殖，而客地山多田少，逐步向外发展	广东东部北部，江西南部	有的达四川，有的达台湾，有的入广东中、西部，有的入湖南、广西
第五次	乾嘉以后	土客械斗，调解后地方当局协助外迁一批客民	粤中	近者达粤西，远者达海南岛

"客"或"客家"的称呼，到宋代才出现的，那时，移民已形成汉族的支派，也就是说，前三次的迁徙，是客家方言形成的重要社会原因。因为客家先民南迁后，定居在闭塞的山地，保存了他们固有的传统，这一方面是由于自然条件的限制，不容易受外来影响的渗透，另一方面，强烈的宗族观念和保守思想，也增强了他们对外来影响的抵抗。客家住地不但形成了他们自己特殊社会生活区域，保存了他们固有的文化礼俗，而且在语言上也形成了独立的系统。后两期的迁徙使客家分布的范围大大扩展，形成了今天遍布全国南方各地的"客家话岛屿"。其中以粤东北、赣南、闽西、闽赣粤边区一带尤为集中。在客家移民进入闽西和粤东北以前，那一带原有畲民居住，客家进入以后，曾经过一段客畲杂居的时期，客话畲话显然有过相互的影响，今天的畲族往往以客话为交际用语，说明被客话同化的结果。此外，客家被南方各方言区所包围，形成了一个个的"岛屿"，也难免受周围方言如粤语、闽语、赣语的影响。但是，尽管如此，星罗棋布于南方各地的客家话，内部的一致性比较强，广东东部原嘉应州（今梅州市）一向被认为是最能集中代表客家系统的纯客地区，而梅州（梅县）话则被当作客家方言的代表。

2. 客话萃说

客家话在声母方面，有与赣方言相同的地方，即古浊塞音和浊塞擦音（古并定群从澄崇船母）不论平仄，一律变送气清音；同粤、闽等方言一样，古知庄章三组字，大部分"岛屿"读成 z c s 一套，而不像北京话，分化为 z c s 和 zh ch sh 两套。韵母方面，同赣方言一样，əng 韵母读成 en 韵母，如"崩朋孟衡登等凳腾邓能增争层生省恒征正政程成圣"；ing 韵母有些读成 en 韵母，如"冰铭冥丁宁星倾顷幸杏"，大多读成 in，如"兵并拼平瓶屏萍评品明鸣命顶鼎汀厅挺定锭灵铃伶陵凌菱令精晶睛蜻清静性经景境径轻兴形型刑英婴盈赢应"。显示客家方言个性鲜明特点的，是其声调方面：客家话古次浊平声、古次浊上声和古全浊上声字都有读阴平的，如梅县的阴平字（44）：

北京次浊平声字读阳平（35）的：毛、蚊、拿、楼、鳞、笼、聋；

北京次浊上声字读上声（214）的：马、买、尾、满、猛、暖、懒、两、冷、岭、领、软、忍、咬、友、有、野、痒、养；

北京全浊上声字读去声（51）的：被、弟、淡、断、动、坐、在、柱、重、舐、绮、舅、近、旱。

（六）上古汉语的化石——福佬话

1. 避乱与征蛮的人们

闽方言通称闽语，俗称"福佬话"，是汉语诸方言中内部分歧最大、语言现象最复杂的一个方言，不仅闽南与闽北不能通话，就是闽南或闽北内部也有许多分歧。根据《福建汉语方言分区略说》①，可具体分为五区十系不同的土语群：

闽东：（1）福州、闽侯、长乐、福清、平潭、永泰、闽
    清、连江、罗源、古田、屏南

   （2）福安、宁德、周宁、寿宁、霞浦

   （3）福鼎

莆田：（4）莆田、仙游

闽南：（5）厦门、泉州、晋江、南安、惠安、同安、金
    门、安溪、永春、德化、漳州、龙海、长泰、
    华安、南靖、平和、漳浦、云霄、东山、诏安

   （6）龙岩、漳平

   （7）大田、尤溪

---

① 潘茂鼎等，《中国语文》1963 年第 6 期。

闽中：（8）永安、三明、沙县

闽北：（9）建瓯、松溪、政和、建阳、崇安

　　　　（10）浦城

　　方言区内部严重的方言分歧，要从区内人民的历史上去找答案。闽方言区的人民是或因避乱，或因征蛮，陆续从中原迁移过来的。从史籍和现存的许多巨姓族谱来看，中原人民迁移过程，大概始自秦汉，而盛于晋、唐。《周礼·夏官·职方氏》："掌四夷、八蛮、七闽、五戎、六狄之人民。"注："闽，蛮之别种也；七，周所服国数也。"这说明，闽在周代是由七个部落组成的。越国为楚所灭之后，诸子散居，其中的闽越王无诸和东海王摇，所居之地在闽即"百越"范围之内。

　　秦始皇命王翦统大兵定江南后，设立闽中、南海、桂林、象郡四郡，闽中就是现在的福建，这说明秦汉时就有中原人迁移入闽。据《潮州民族考》，潮州在秦时已有了中原人。秦时发兵五十万屯南岭，当时有一个叫史禄的将领把家属留在揭岭（今揭阳市），后来他的部下也多留在了潮州，潮州从那时开始就有了秦兵后裔。汉武帝时平定南越，所置九郡中，珠崖、儋耳两郡就在今天的海南岛。三国时，江南汉族人民再一次大批进入闽地，集中于闽北、闽中一带。东晋五胡乱

华，永嘉之乱"衣冠八族"移居闽地。唐武后时有大批人自光州固始县随陈政、陈元光父子到福建"征蛮"。五代时，王朝、王审知率兵南下，据闽称帝，又带来大批中原居民。

到宋代，金、元相继迫境，中原局势动荡，皇室人员相率避乱南下。公元 1276 年，宋端宗在福州即位，后为元兵所迫，奔走泉州、潮州、惠州，最后死于厓山。端宗死后，帝昺立，因元兵从海上入侵，应战不利，投海而死。这一段时间，从北方来了不少忠义之士，力图保驾御敌。这些人后来多不忍眼看中原沦落而留居闽赣粤地，其中福州、泉州、漳州、潮州等地，都有大量宋室遗民定居。

明末，郑成功据守台湾抗清，带来不少人从福建渡海东去。抗清失败后，这些人多散居到南洋群岛各地。从此，菲律宾、马来亚、爪哇等地有了从闽方言区去的人民，世世代代，至今已达千百万人；而台湾省内绝大多数汉人说闽语，原因也在于此。

2. 闽语撮要

闽方言形成于何时，尚无文字记载。有人说唐时已有"福佬"之称，这也许可以作为唐代渐已形成的闽方言的一个旁证。① 袁家骅先生认为，吴语、湘语、粤语萌芽于上古时期，闽语和客家话萌芽于中古时期。可以说，今天的闽方言保留了隋唐以前的汉语特点，在轻唇归重唇、舌上归舌头方面，它直接继承了上古汉语的声母系统，没有经过中古时期这方面的语音演变。这是各地闽语的共同特点。

根据戚氏声母歌诀②，除了末句五个字，恰好是 15 个声母，闽方言声母属于 15 音系统：

柳边求气低，波他曾日时，莺蒙语出喜，打掌与君知。

举例如下：

b	边弼比缚	p	波僻匪批	m	蒙密迷卖
d	低敌知池场	t	他惕持啼天	n	日肉泥闹
l	柳粟梨丽楼	g	求极姑鸡旗	k	气屐苦稽溪
ŋ	语逆倪拟吸	x	朌喜虚法呼	z	曾寂挤租慈
c	出戚妻痴笑	s	时席襄词西	∅	话以如忍渊

---

① 见袁家骅等著：《汉语方言概要》，文字改革出版社，1989 年，235 页。

② 见《戚林八音》，相传为明戚参军根据福州音所编《八音》一书，与后来林碧山《字义》，在乾隆年间合刻而成。

　　闽语的声母系统符合清代钱大昕所说的"古无轻唇音"，即古非敷奉母字，不像其他方言那样，读成轻唇音 f，而是非、敷二母有别，非母读成 b，敷母读成 p。（不过，古非敷奉母部分字读书音时声母转变为 h。）例如：

　　帮母：布豹播贝秘扁兵伯本北—b

　　滂母：葩铺票篇盼泼匹片—b

　　并母：步傍便畔倍别白—b

　　　　　菩膨被皮抱—p

　　非母：方风飞斧分反放——b

　　　　　废方非夫付反风发福——h

　　敷母：芳藩蜂纺——p

　　　　　肺费敷副仆丰泛芳沸拂——h

　　奉母：饭房冯父吠妇——b

　　　　　帆浮缝——p

　　　　　妃防浮凡烦防吠父梵伐佛——h

　　闽语声母系统也符合钱大昕"古无舌上音"的说法，它把北方话中的舌上音，如"知、爹、彻、诧、澄、治、程"等，分别读如"端、都、透、偷、定、豆、头"，即有 dt 母而无 zh ch 母。

（七）逐鹿中原——官话大观

我国在周朝以前没有信史，相传黄帝时中原有万国，夏时三千，周初分封诸侯八百。可见，那时的中原，分布着成千上万个氏族或部落。很显然，每个氏族或部落都有自己的语言。

据《尚书》记载，当时南北中国有"蛮夷猾夏"，并说"华夏蛮貊，罔不率俾"；《左传》也有"裔不谋夏，夷不乱华"之语；《论语·八佾》进一步说："夷狄之有君，不若诸夏之无也。"《孟子·滕文公上》更明确地指出："吾闻用夏变夷者，未闻变于夷者也。"以上记载，说明华夏和蛮夷是相提并论的四个大的社会集团，中原华夏先进，不断同化着与之接壤的夷、蛮。相传燧人氏时，有大人足迹出于雷泽，华胥践而生伏羲，"华"字当最早出现于此。"夏"是大禹的国号，禹受封为夏伯，《说文解字》说："夏，中国之人也。"段玉裁注谓"称夏以别于四夷"。"华"、"夏"音近，所指都是中原居民。其后东夷族殷人兴起于黄河中下游，约于公元前1600年击溃了中原羌族夏；其后也是羌族的一支周人，兴起于陕西渭水流域。

周末，许多部落相互吞并或联合，部落语言发生了融合，有了较大的变化和发展，从诸子的作品来看，那时已逐渐形成了共同的统一的文学语言——雅言。从《诗经》《楚辞》来看，书面语言的差别并不太大，这说明书面语言都是以王畿成周一代的方言为基础而形成雅言的。但在口语方面，"五方之民，言语不同"①，"诸侯力政，不统于王……言语异声，文字异形"②。每个大部落内仍有土语分歧，各部落之间仍有严重的方言差别。

秦吞六国，一统天下，"车同轨，书同文，行同伦"③。李斯作小篆，"罢其不与秦文合者"④，使我们多方言的中国，有了统一的语言载体，维护了汉语的统一。秦既以秦文为天下文字标准，秦语地位也必然高于其他方言。扬雄《方言》所载秦汉词汇，分为四类：一是通语，也叫凡通语、凡语、通名，是普遍通用的词；二是某地某地之间的通语、四方之通语、四方异语而通者，通行区域广，但不普遍；三是某地语、

---

① 见《礼记·王制》。
② 见东汉许慎《说文解字》序。
③ 见《礼记·中庸》。
④ 见《史记·秦始皇本纪》。

某地某地之间语，通行区域狭小；四是古今语、古雅之别语，是古语的残余，通行区域也较狭小。近人据其所引地名，把那时的方言分为十三个：秦晋；郑韩周；梁、西楚；齐鲁；赵魏之西北；魏卫宋；陈、郑之东郊，楚之中部；东齐与徐；吴扬越；楚（荆楚）；南楚；西秦；燕代。秦晋方言的地位显然高于其他方言。

秦、晋方言在春秋时，是有一定差别的。《左传·文公十三年》载，晋人害怕秦人任用晋国人士会对己不利，就派魏寿馀诈降秦国，见机取回士会。秦伯欲取回魏降地，寿馀说："请东人之能与夫二三有司言者，吾与之先。"秦便不得不派士会和他先行。因为寿馀和士会都是河东人，用乡音打交道自然方便些。可是，到西汉时，秦、晋却联合成一个方言了。

就像中国文化的"东西交流、南北对峙"格局一样，北部方言东西一致性较强，"音沉浊而**钝**钝，得其质直，其辞多古语"①。到金元，奠都燕京，汉语的中心转移到河北，仍是北方话的范围。明代沐英平定云贵，北方话深入西南。满清入关，统治中国 268 年，采用汉语，并把北方话传播到东北广

---

① 见隋颜之推《颜氏家训·音辞篇》。

大地区；同时山东移民把胶东方言的特点也带到了辽东半岛。所以近代汉语以北方话向南、北发展为特点，逐渐成为全国性的交际工具。16 世纪以后，在"滇南车马，纵贯辽阳，岭徼宦商，衡游蓟北"①的历史条件下，北方话渐渐渗透到各方言区，被叫作"官话"。"官"是"公共"的意思。

到 20 世纪初，特别是"五四"时代，白话文运动和国语运动给北方话作为通语奠定了坚实基础，用"普通话"代替"官话"旧称，改变了言文不一致和方言并立的局面。新中国成立后，国家把普通话定义为"以北京语音为标准音、以北方话为基础方言、以典范的现代白话文著作为语法规范的现代汉民族共同语"，普通话还被列为联合国安理会的六种法定工作语言之一。

1. 北方话的分区

北方话内部的一致性相当强，从南京到乌鲁木齐，从昆明到哈尔滨，东西南北各地人都能通话。它总的特点是：古全浊声母清化，"拜败、富父、旦蛋、贵跪、救舅"每对字读音没有区别，古全浊塞音塞擦音平声声母变为送气清声母，

---

① 见明宋应星《天工开物》序。

如"旁糖狂穷茶才",古上去入声声母变为不送气清声母,如"被柱、备住、白直";辅音韵尾没有江南方言－p、－t、－k和－m,一般只有－n、－ŋ两个鼻辅音韵尾;声调方面,平分阴阳,浊上变去,绝大多数地区有阴平、阳平、上声、去声四类。

北方话之间也存在着一些差异。根据古入声演变的不同方式,可以把北方话划分为八个分区:

江淮官话:古入声今仍读入声,即韵母读得又快又轻。主要分布在湖北、安徽、江苏三省长江以北沿江地带,江苏省长江南岸的几个县市,江西、浙江少数地区,人口近7 000万。

西南官话:古入声字今全读阳平,"接铁别灭"都读阳平。主要分布在四川、云南、贵州三省以及毗邻的湖北、湖南、广西、陕西、甘肃等省区的部分地区,共计517个市县区镇,人口两亿左右。

中原官话:古清音入声和古次浊入声归阴平,古全浊入声归阳平,"鹿木力灭"与"滴福铁"等字同调,都是阴平。分布在江苏、安徽、山东、河北、河南、山西、陕西、甘肃、宁夏、青海、新疆11个省区,以河南省、陕西关中、山东南部为中心,共计390个县市,人口16 941万。

兰银官话：古清音入声和古次浊入声读去声，古全浊入声读阳平，如"塌擦杀"读去声。分布在甘肃、宁夏地区的34个市县、新疆的22个市县，人口1173万。

胶辽官话：古清音入声读上声，古次浊入声读去声，古全浊入声读阳平，如"叔竹秃赤失略"都读上声。分布在胶东半岛和辽东半岛的44个市县，人口2883万。

冀鲁官话：古清音入声读阴平，古次浊入声读去声，古全浊入声读阳平，如"滴福百刻"读阴平，"鹿木力灭"读去声。分布在河北省南部、天津市和山东省西北部地区的164个市县，人口8363万。

北京官话：古清音入声今分归阴平、阳平、上声、去声，如"劈朴塌插媳割黑"读阴平，"伯福职结觉国"读阳平，"北尺铁百窄给塔"读上声，"僻腹促质触刻客"读去声。分布在北京市和河北、辽宁、内蒙古部分相邻地区和新疆的11个市县，计44个市县旗，人口1802万。

东北官话：古清音入声今归阴平、阳平、上声、去声，同北京话，但读上声的比北京多50多个字，如"劈朴插媳割伯福职结觉国僻腹促质触刻黑"都读上声。分布在黑龙江、吉林、辽宁和内蒙古毗连地区，共172个市县旗，人口8200万。

这样，我们就能区分出我国主要城市的方言系属：

北京（北京官话）　　　　　哈尔滨（东北官话）

长春（东北官话）　　　　　沈阳（东北官话）

大连（胶辽官话）　　　　　呼和浩特（晋语）①

天津（冀鲁官话）　　　　　太原（晋语）

石家庄（冀鲁官话）　　　　济南（冀鲁官话）

青岛（胶辽官话）　　　　　郑州（中原官话）

乌鲁木齐（兰银官话）　　　银川（兰银官话）

西安（中原官话）　　　　　兰州（兰银官话）

西宁（中原官话）　　　　　成都（西南官话）

重庆（西南官话）　　　　　贵阳（西南官话）

昆明（西南官话）　　　　　上海（吴语）

南京（江淮官话）　　　　　合肥（江淮官话）

武汉（西南官话）　　　　　杭州（吴语）

宁波（吴语）　　　　　　　南昌（赣语）

————————

　　①　晋语是 80 年代从北方话中分出的 3 个新方言区之一，分布在山西省及其毗邻的河北、河南、内蒙古、陕西等邻近地区的 175 个市县，人口 4 570 万。晋语的特点是有入声，带喉塞音，并且"根＝庚、新＝星、魂＝红、群＝穷"。

长沙（湘语）　　　　　福州（闽语）

厦门（闽语）　　　　　南宁（粤语）

桂林（西南官话）　　　广州（粤语）

海口（闽语）　　　　　台北（闽语）

香港（粤语）　　　　　澳门（粤语）

2. 北音奇葩

(1) 致富不是"植树"

鲁西南某县武装部接到上级通知，说过几天要来了解民兵致富情况。秘书汇报给领导，领导作了全县民兵总动员，突击植树。过了几天，上级派人来了。部里领导汇报了植树的情况后，又把上级领导领到了山上，参观植树情况，弄得上级领导莫名其妙，说："我们是来了解你们致富情况的，不是检查你们植树工作的。"原来，鲁西南一带，"富""树"不分，把"树"读成"富"，因此，那位秘书才在电话里把"致富"听成了"植树"，使领导瞎忙了几天，苦了搞突击的民兵，也使上级领导白跑了一趟。

鲁西南洒水、滕州、枣庄、阳谷、梁山、鄄城、郓城、菏泽、巨野、定陶、成武、曹县、单县、平邑、费县、微山、苍山、郯城近 20 个县市，只要是北京话 sh 与 u 及 u 开头的韵母相拼的音节，都读成 f。如：舒疏蔬梳输书叔淑熟暑鼠曙数属树竖漱恕术述束——fu；刷耍——fa；说硕妁——fe；衰摔甩帅率蟀——fai；谁水税睡 fei；拴闩涮——fan；顺舜——fen；双霜爽——fang 。

在西南官话区，却有许多地方 f、h 的分混与北京话不一致。重庆、成都 u 韵前全是 f，如"夫呼"都读 fu，"房黄冯红"同普通话。湖北则有的有 f 无 h，如麻城；有的有 h 无 f，如巴东；有的 u 前为 f，其他韵前为 h，"房"读成"黄"，"冯"读成"红"，如恩施；有的 oŋ 前为 h，其他韵前为 f，"呼"读成"夫"，"黄"，读成"房"，"冯"读成"红"。

(2)"女客"下车与"脑子"做生意

古泥、来两母在北京话中读 n、l，但在西北、西南、江淮官话区，却有相混现象。南京把 n、l 两声母的字一律读为 l，脑＝老，泥＝梨，女＝旅，难＝兰，奴＝卢，年＝连；而重庆则完全相反，一律读为 n；兰州又是另一种情况，同一个字，读 l 也行，读 n 也行，不区别意义，两读并存。于是，就出现了不少误会：

一次，一位山东老大爷乘坐火车去重庆，列车广播员广播道："前面就是重庆站，请各位女客做好下车准备。"老大爷纳闷，怎么光让女客下车？于是他就问车厢列车员说："凭什么不让我下车？"列车员怔住了，说："谁不让你下车啦，只要是女客，都可以下车。"老大爷说："我是男的。"列车员说："男的也是女客，都可以下车。"原来这趟列车上的服务人员全是重庆人，"女客"就是"旅客"。

另一个故事是把"脑子"说成了"老子"引起的。一位南京姑娘分配到济南教书，在课堂上提问问题时，无论怎么启发，被提问的那个同学还是回答不出来，她很生气，不满地说："你老子是干什么的？连这么简单的问题都回答不出来！"这下那个学生回答干脆了，说："老师，我爸爸是做生意的，大老板！"

(3) 宝玉成了"爱哥哥"

《红楼梦》中，史湘云喊宝玉时把"二哥哥"说成了"爱哥哥"，于是林黛玉取笑她："偏是咬舌子爱说话，连个'二'哥哥也叫不上来，只是'爱'哥哥'爱'哥哥的，回来赶围棋儿，又该你闹幺'爱'三了。"

这是由于咬舌子发"二"这个音时，不是舌头尽力往后卷，而是舌头常常向前平伸至牙齿造成的。不只是咬舌子史湘云发不准这个音，从全国的情况来看，南方大部分地区

"二"不读成 er，合肥、扬州读"啊"，苏州读"了"，温州、长沙、双峰、南昌读"饿"，梅县、建瓯读"腻"，厦门读"利"，福州读"内"。

山东淄博一带把汉奸称为"三本"，原因就在于没有卷舌音 er，也没有 r 声母，"日"、"二耳儿而"等字，都读成 lə，发音时接近 l 稍靠后，"日本"读成了"二本"，当然，就把为日本效力的汉奸排在"二"之后，叫作"三本"了。

(4) 可不能"作业"

普通话 n 声母拼齐齿呼韵母的部分字即"倪霓拟逆孽牛虐凝"，在北方话里，许多地方如山东，读成了零声母，跟"姨移意业叶油月营"等同声母。于是，"老黄牛"成了"老黄油"，"买牛"成了"买油"，"牛头牛尾巴"成了"油头油尾巴"，"牛王庄""牛家""牛家坪"(地名) 成了"油王庄""油家""油家坪"，姓"牛"的也就成了姓"油"的。山东有一种名叫"巴拉油子""哈拉油子""蜗老油子""屋屡油""波罗油儿""乌噜油子"的软肢动物，实际上是"蜗牛"；有一种叫"老油""水油""山山油""山水油"的甲壳类昆虫，出现在雨后山上的草丛中，实际上是"天牛"；"米象"也称作"油子"。

"作业"，本来是学生或电工、地质队员常说的一句行话，但在山东，却是个避讳词。因为"作孽"与"作业"同音，指小孩损害了财物或伤害了小生命的举动，也指青少年胡作非为、招惹祸端，所以，"作业"就是"作死"、"找死"、"闯大祸"的意思。

在湖南一些山区，"作孽"也说成"作业"，但意思却是指未婚男女一起行苟且之事。地质队员小王到湖南某山区勘探，房东家的女儿为其做向导。一天，二人从山上回来，房东大妈问："你们天天到山上去干么子？"小王说："我们到山上去作业。"这句话一出口，房东大妈生气了："丢死人了！看你来这里也没安好心，快滚！"

(5) 这些歌谣押韵吗？

北方民间有许多歌谣，用北京话读，就不押韵了。如：

这棵树，矮不矮，上头挂着红绣鞋。（谜底：辣椒）

远看像只鞋，近看无鞋带，轻易不进去，进去出不来。（谜底：棺材）

两头尖尖好像一把梭，我上济南去看俺哥，俺哥嫌我胡子长，我嫌俺哥心眼子多。（谜底：藕）

日本鬼儿，喝凉水儿，坐火车，轧断腿，坐轮船，沉了底儿，来中国，赔了本儿。

　　小白鸡儿，靠墙根儿，来了客，尿泡尿。

　　前两首，按普通话说，"鞋"与"矮""带""来"不是一个韵脚，前者读 ie 韵，后者读 ai 韵；但在很多北方话地区，"鞋"也读 iai 韵，"皆阶秸街解介芥界届戒诫谐鞋解（姓）蟹懈械"都读 iai 韵，不与"姐借谢"同韵，而与"来矮带"押韵。于中老师在纠正鲁中地区"鞋"类音读不准时，曾编了三句顺口溜："大姐上街买芥菜。系好鞋带到河边抓螃蟹。开张介绍信上街买器械。"①

　　中间一首，"梭""多"为 uo 韵，"哥"为 e 韵。但在有些地方，读 e 韵母的字较少，"哥"类字如"哥歌个科棵颗可课禾和河何荷贺讹蛾鹅饿俄"，鲁中、鲁西南读 uo 与"梭""多"同韵；b、p、m 与 o 拼的字，则读成 ei 韵母，如"伯迫魄陌默墨"；读成 ei 韵母的还有"得德则责择册策测色塞革格隔克刻客"（一部分 ai 韵母字，也读成 ei 韵母，如"摘窄宅掰脉白百麦"）；另一部分读 e 的，则读成了 a，如"割渴磕瞌喝"。

　　最后两首，涉及儿化韵。有些字如"底""本（根）"，与"鬼""腿""客""尿"不同韵，但前者儿化后 i、en 改变了读

----

①　于中：《方言与普通话》，《淄博晚报》1995 年 2 月 18 日。

者，都读作 er，与后者儿化韵 er 完全相同了。

（6）耽误了"端午"

"端午"，北方话有很多地方读成"耽误"，"端"的 u 韵头丢掉了，闹出"耽误了端午"的笑话。丢掉 u 韵头的情形大致有以下几种：

北京读 uo 的，西南、江淮读 o，如"多锅窝"；

北京读 uei 的，湖北大部、山东南部读 ei，如"对退罪脆岁"；

北京读 uan 的，以上地区读成 an，如"短暖算"；

北京读 uen 的，昆明等地读成 en，如"顿论村孙"。

（7）齆鼻子、大碴子及海蛎子

随着电视屏幕上电视剧、小品、民歌"西北风"的劲吹，人们对黄土高原上的西北人说话风格有了一定的感性认识，称那些说"饿"（即"我"）的为"齆鼻子"。

大家都知道，北京话中—n 和—ŋ 构成了七对鼻音韵母，陈≠程，金≠京，滚≠拱，群≠穷，盘≠旁，年≠娘，关≠光。但在西北话中，如西安，—ŋ 尾虽然保留，但 ɑ 后弱化为ē，—n 尾全部丢失而元音鼻化，实际上，发音穿透鼻腔的韵母一个也没有了，以上七对字，全堵塞在了鼻腔里，成了

"齉鼻子"。

另一别具风味的是胶东话。胶东旧称古莱国，为古东夷或莱夷所居之地，即《方言》所称的"东齐海岱"。现代胶东话，一是指通行于今烟台市和威海市的方言；二是指北起莱州湾南到胶州湾的胶莱河以东的广大地区，包括青岛市区及平度、即墨、莱西三县和烟台、威海 20 多个区县市；三是指除青岛、烟台、威海之外，还有西邻的潍坊市、日照市全部及临沂市的沂水、蒙阴、沂南、莒南和淄博市的沂源等 49 个区县市的方言。一般指第一个含义。

胶东话很早就被艺术大师们搬上舞台。刘宝瑞说的单口相声《山西人要账》中的"山东人"，学的就是胶东话："哎，我说，姓王的在家吗？怎么回事啊？红口白牙逮了东西不给钱，有钱钱见，没钱人见，躲在屋里不出来，还要脸不要脸哪？""哎，我说，小力笨儿，你爹在家吗？"其中"逮"（吃）、"小力笨儿"（小孩）都是典型的胶东词语。侯宝林在《戏剧与方言》中学的那位山东人，也说的胶东话："这是谁？""这是我。""上哪去？""上便所"。把"这"的声母 zh 读成 j。最近几年，魏积安的小品，又把"伙计"送到了大江南北。

　　胶东人一张嘴，其他方言区的人马上就能听出一种海蛎子的"腥"味来。这种海蛎子话，主要特点就表现在声母系统中的两个方面：一是北京话的 zh ch sh，有一部分读成了 z c s，有一部分却读成了 j q x，如：

　　知、汁、织、直、植、值、侄、执、治、质、制、智、朱、珠、猪、主、煮、注、住、柱、著、遮、折、者、辙、这、召、招、照、赵、兆、州、洲、周、肘、昼、咒、沾、粘、展、占、战、贞、真、珍、针、诊、枕、振、阵、震、张、章、掌、涨、丈、仗、帐、胀、征、蒸、正、政、证、郑——j；

　　吃、池、迟、持、尺、耻、斥、出、除、厨、处、车、扯、撤、彻、超、嘲、潮、抽、仇、绸、稠、丑、臭、禅、缠、忏、辰、晨、沉、陈、臣、尘、趁、称、昌、常、尝、偿、场、长、厂、场、敞、唱、畅、成、诚、盛、程、承、丞、乘、惩、逞、秤——q；

　　失、湿、拾、石、识、实、食、世、势、誓、逝、适、室、式、书、舒、殊、叔、输、熟、暑、鼠、树、竖、术、说、蛇、舌、舍、射、社、设、涉、烧、少、绍、收、手、首、守、受、寿、售、兽、闪、陕、扇、善、申、伸、身、深、神、沈、审、婶、慎、商、伤、晌、赏、上、尚、升、声、绳、圣、胜、剩——x。

二是北京的 jq x，它又读成了两套，"焦、趣、相"等"尖音"读 jq x，而"胶、机、家、去、起、琴、香、虾、去"等"团音"却读成 g k h。

大楂子，是去了皮的玉米碎楂作成的饭；东北盛产玉米，大楂子也便成了东北人的主食。用"大楂子"形容东北话的土、粗、直、野、有嚼头，应该说是恰如其分的。

最早生活在东北广漠的白山黑水之间的，是一群荒原的精灵：东胡、秽貊、肃慎。他们就是今天"东北虎"们的先人。至夏，东北各部落臣服中原，为幽、营二州，荒原文化与中原文化开始融合。夫余、高句丽、慕容鲜卑、粟末靺鞨、契丹、女真、满族先后在那里建立政权，铁骑驮着他们强健的身躯，三次入主中原，建立金、元、清王朝。每次"虎"与"龙"的争斗，都是文化的大交流：抢掠的汉族人口沦为其耕奴。而大批人口的迁移，早就从箕子东迁朝鲜开始了。明代设辽东都司，迁 10 万人开垦辽河流域；明末清初，大批满人随强大帝国的建立而入关，东北人口锐减，为饥饿所困的山东人、直隶人乘机倾巢而入，柳条边禁阻止不住"觅食"的乞丐大军。"东北人就是山东人"、大连万达队与泰山将军队的几场足球比赛被说成"儿子打老子",就起因于此。到近代,东北大地又遭到沙俄、日本的践踏蹂躏。新中国成立后,又有成千上万的有志青年进入东北开辟北大荒,建设大油田。

特殊的历史成因,形成了东北话独特的风格。一是土。东北话土得掉渣,张作霖草莽式的一句国骂"妈了巴子"可作为代表。东北的大火炕,姑娘叼的大烟袋,嫂子的那双小手,丰富的骂街语言,最常用的词"贼",抓人的大秧歌,浪不溜丢的二人转,使东北话的"土"呈现着开朗活泼、毫无羁绊的特色。另一方面,赵本山、潘长江等人的方言小品,又使"土"刺得人心痛。二是虎。东北话虎哩八叽。在旧社会,"三人行,必有一匪",东北遍地胡子,这个土匪王国拥有180多万条枪,足够200个军的装备,所以土匪横冲直撞的性格特征融入了东北话的风格中,一些黑话也成了方言词语,如"大当家的""大把头""猫冬"。东北话的"虎",又是现在东北人死要面子敢动刀子的豪气冲天的写照。例如,东北人在语言操作上往往力度明显,"上街"叫"上 gāi","干啥"叫"干 há","热"叫"yè","怎么办"叫"咋整"。

东北话的形成是民族交融的结果。努尔哈赤创造满文借助于蒙文,同时也吸收了流民带来的中原文化,在被柳条边界封闭了 200 年的白山黑水间,东北话终于自成一家方言。清末大批山东、河北人的涌入,带入了大量的方言,也被东北话所吸收,使他们的后代人在语言上完全土著化。

东北话虽然最接近北京话,但它那"土""虎"的鲜明风格,使得任何一个东北人在中国版图上的任何一个省份,都无法隐瞒自己的身份。一张嘴,人们就会嗅出那种独特的苞米楂子味。一个北京人和两个东北人结伴去南方旅游,住宿登记时,工作人员问几人,东北人答"三个",工作人员怀疑,又问后边两个,北京人上前肯定地说:"三个",工作人员便自言自语:"一个北方人,两个东北人……共三人。"

二、寻根篇：
为有源头活水来

（一）"京味儿"的里程

1. 五湖四海北京人

北京，传说黄帝战蚩尤之后，就在这里建过都邑，那时叫涿鹿。后来颛顼（zhuān xū）在此举行祭祀，称之为幽陵；舜时共工治水失败而被放逐到幽。后来这里称燕和蓟，成为上古的两个方国，原隶属于商，周武王伐纣后，封一族于燕。春秋战国时期，蓟变成燕国争霸中原的基地。秦统一六国后，分天下为 36 郡，燕是其中的六郡，蓟城逐渐从一个诸侯国的都城发展为北方边陲重镇。契丹接受燕云 16 州，升幽明为辽的陪都。金朝海陵王杀金熙宗，夺取了王位，迁都燕京，定其名为中都，元统一后定都北京，明清两代相继以此为都。

新中国成立后，仍以北京为都，北京作为全国政治、文化、语言中心的地位，日趋重要。

北京人口稠密，种族各异，有着深远的历史渊源。从千余年来的社会政治状况看，北京是由汉族和我国北方少数民族共同建立起来的。唐时北京属幽州，由于邻近少数民族居住区，当时的幽州就已经有许多的少数民族生息繁衍了。公元936年，石敬瑭把燕云16州割让给契丹，北京地区脱离中原汉族的统治，成为辽金两代少数民族政权的南方重镇。契丹定其为"南京"，成为辽代五京之一，后金正式定为首都，大量的北方少数民族不断地涌进北京地区，与原来居住在这里的汉人和少数民族杂居在一起，加强了与我国东北地区的联系，而和宋朝统治的中原地区汉族人民分离达300年之久。因此，那时北京的文化是属于以北京为中心，包括东北、蒙古和渤海湾地区的区域文化。宋金时期，汉胡之间相互对峙，也相互交融。至蒙古族灭金建元，定京大都，大批蒙古人因此涌入北京，原金朝统治下的汉族人和契丹、女真同被称为"汉人"，低于蒙古人、色目人，高于原南宋统治下的汉族人——南人。这种民族分化政策，使大都的汉族人更加密切了和契丹、女真人的关系，同时又被迫和新迁来的蒙古人杂居。

元一统天下，经与江南的物质文化沟通和交流，重新把长江文化、黄河流域文化吸收到北京地区文化中去，使之带有多民族性和浓厚的宗教色彩，以及氏族家长集权制和贵族生活的寄生性。元末一场大的动乱，使北京残破不堪，人口凋零，"商贾未集，市廛尚疏"。为了发展生产，繁荣经济，明采取了大量移民的政策，从山西、山东直至江浙一带移来成千上万户充实北京。1402 年明成祖朱棣即位后，又连续 4 年向北京大量移民，为迁都作准备。1421 年迁都北京后，大批高级官吏从南京移居北京，加上原在北京的大批军队和从全国各地招来的各行各业的工匠，总计有几十万人，大大改变了北京的人口结构，这就把南方带来的健康型的长江文化推进到了北中国，减弱了北京地区原有的北方民族成分和宗教色彩，汉文化得以充实。清朝建立后，东北大部分人口又涌入北京，恢复了多民族性、宗教性和贵族的寄生性文化特点。

历史上的北京人、北京文化是"混血"型的，当代北京人、北京文化也是五湖四海的。史料记载，明清时期，北京人口一直在 70 万左右，1948 年 200 万。1990 年达 1 032 万，还有流动人口 127 万。从中央国家机关的各级工作人员到各大院校的知识分子，到各大企业、公司的职员，祖辈定居北京的人寥寥无几。全国56个民族，也都有人在京居住、学习和工作，其中回族21万，满族17万，蒙古族近2万。现在，"经济北伐"每年大量涌入北京的生意人以其强大的经济势力在北京定居，年复一年的毕业大学生，一半的研究生，几乎全部的博士生都走向北京的各个角落。北京，又是一次人口和文化的大输血。

2. 混合的北京话

北京方言是北京文化兼容南北不同民族不同风格语言和方言特征的集中表现，就像来自蒙满的胡同、南国的戏园、徽汉的京剧、番邦的胡琴、中原的手工艺，深厚而又复杂，具有鲜明的开放性特点。

一千年前，北京话与本族语疏远了的300年，使得它处于了一种和其他汉语方言完全不同的特殊语言背景中，这种背景，使得北京话在宋辽时期就已经成为我国发展最快、结构最简单的汉语方言。宋金频仍的战事，两国使节、士兵的相互接触，使得北京话更多地接受了北方少数民族语言里的一些词汇。那时的诸宫调就是当时北京口语的生动记载：

　　　李三娘黛眉敛，愁容搁，纤纤手，扯定刘知远破碎衣服："若太原文了面，早早来取。我怀身三个月，你咱思虑。李洪义、李洪信，如狼虎，棘针褁，倒上树，曾想他劣缺名目，向这懑眉尖眼角上存住。神不和，天生是卯酉子午。我这口无虚语，道一句只一句。生时节是你妻，便死也是贤妇。任自任，交胡道，我谁瞅顾？全不改贞洁性，效学姜女。莫忧惧，待教我寻活路。嗔不肯，止不过将我打着皮肉。只我怕底死难熬，他挣揣不去。刀自抹，绳自系，觅个死处。"

其中加点词语，都是地道的北方口语词汇。

蒙古建元，蒙、汉语接触原少，所以尽管统治者强迫汉族人学蒙语，如"胡同"等确实被大都话所吸收，并一直传到今天，加上统治时间不到百年，实际上蒙语对元大都话影响不大。所谓大都话，指辽金两代居住在北京地区的汉族人民和契丹、女真等族经过几百年密切交往而逐渐形成，到元大都时趋于成熟的汉语方言，是现代北京话的源头。

明代，由于移民，北京话又与来自中原和长江以南的各地方言交织在一起，把各种地方戏曲引入北京，对北京话产生了一定影响。至清，京腔、秦腔、弋阳腔、梆子腔、罗罗腔、二黄调、汉调先后进京，京戏博采众长，逐渐合成。并产生了划时代的语言巨著——《红楼梦》。同时期的北京特产

——相声，也逐渐蔚为大观。

至"五四"，鲁迅、茅盾、叶绍钧、周作人、沈从文等新文学旗手，他们的籍贯尽管大多为南方人，但都努力学习民间语言，写出了一批比较典范的现代白话文著作。老舍，这位无可争议的京味儿文学大师，以地道的北京口语，以《骆驼祥子》《四世同堂》等巨著，脱颖而出，突出了北京话从容、幽默的特点。

到了20世纪80年代，王朔的痞子文学，又把新京味儿语言特点描写到了极致：侃、痞、油、片、贫、逗，北京新方言的特点一览无余。同时，国门大开，京门洞开，国外语、港台语、广东话，各地方言，无不在当今北京话中留下印痕。

正因为如此，现在的北京话和汉语其他方言相比较，不但方言内部的分歧最小，而且语音结构最简单，保留的古音成分最少，是发展最迅速的汉语方言。

（二）《红楼梦》——北京话的丰碑

1. 曹雪芹写的是北京话吗？

（1）曹家语言考

曹雪芹祖上本是由内地迁往东北辽宁的汉人。我国东北辽、吉一带，唐宋时人烟稀少，加上辽、金两代南北战事频仍，不少幽燕一带的汉族人被掳，被强迫移居到那里。原居住在黑龙江和松花江下游的女真人元后也逐步南迁，慢慢接近、接受了汉人和汉文化。百余年后，努尔哈赤统一了女真各部，形成了满族，统辖着内蒙古、东北及朝鲜半岛这一广大区域。满族虽有满语，但很难在这一广大地区通行。由于汉族的人口优势和满汉等互通婚姻，汉语即北京一带方言已成为满族地区的通行语。皇太极即位，定清朝，重用汉官，解放汉奴，并多次攻明，又掳北京及河北、山东大批汉人北去。汉族人在东北的优势更加明显，汉语成了主要的交际工具，满语渐渐处于次要地位。清入关前，满族人之间也都以汉语通话，连地名和官名也用汉语命名。旗人攻占北京并统治中国后，随着向各地驻防，把一口北京话作为自身优越，带到了大江南北。因此，曹家的母语不是满语，尽管归属于满洲正白旗人，尽管入关后受康熙帝恩宠任江宁织造而居住金陵 60 多年，历代相习的北京话，肯定不会有多大的变化。

(2) 曹雪芹语言考

曹雪芹到五岁上下，雍正抄了曹家南京的家产，曹家便举家返回，居于北京原有的旧房。13 岁左右，家再遭巨变，彻底败落，与富贵绝缘，他便与闲散无位的、不得意的、贫困的满州旗人为伍了。因此，曹雪芹的一生基本上是在北京的下层人中度过的，他可能会说南京话，但他的基础方言一定是北京话。

还有一个历史原因。雍正年间，清政府为使南方的官吏朝谒时消除方言交谈的障碍，发布了正音敕命，用行政命令的手段推行北京话，刊行了《官音汇解》《正音撮要》《正音咀华》等书。而这时经济的稳定发展、交通和商业的发达，使得南北交往成为更广泛的事实。这也是曹雪芹用北京话写《红楼梦》的因素之一。

2.《红楼梦》定为北京话的标准

有些人以《红楼梦》中出现了一些别个方言的词汇而否认它是以北京话为基础方言写成的，这是失之偏颇的。作为书面白话语，语音差别无法明显地反映出来，而文字对于汉语方言来说，又几乎没有差别，所以判定它是以哪种基础方言为主，主要是从词汇和语法方面。而词汇又是最不稳定的因素，一个方言可以接受许多不同来源的词汇，如《红楼梦》记录的清代北京流行语"不安生、背晦、才刚、成年家、搁的住、过余、唬吓、花掰、拉硬屎、落褒贬、难缠、怕惧、派不是、齐截、乍着胆子"等，至今仍鲜活在北方话的许多地区的方言中。但语法就不同了。人们一旦掌握了某种语法规律，就不会轻易改变。

语言学史专家们经过严格勘比，提出了评判使用北京话作为基础方言的书面语的五大标准：

第一，人称代词的复数形式有包括式和排除式的区别。排除式不包括听话人，而包括说话人和其他人，即"我们"；包括式包括说话人和听话人，即"咱们"。《红楼梦》符合这条标准。如："那会子咱们那么好，后来我们太太没了……"（32回）"咱们到宝姐姐那边去罢。"（67回）"咱们只管咱们的，别理他们。"（22回）

第二，"给"当介词使用。《红楼梦》例子："明儿挑一个丫头给老太太使唤。"（36回）"我转给你瞧。"（15回）

第三，助词"来""着"连用。如："当日你父亲怎么教训你来着？"（33回）"你这妹妹原有玉来着。"（3回）

第四，有助词"呢"。《红楼梦》例子："下雪呢么？"（52回）"上头正坐席呢！"（43回）

第五，"别"表示劝阻或禁止。《红楼梦》例子："别告诉人，连你也不是。"（19回）"你可别多心。"（40回）

这样，《红楼梦》《儿女英雄传》《三侠五义》等书面语完全具备，而《儒林外史》《镜花缘》《醒世姻缘传》只有部分特点具备，所以，前者是北京话，后者则不是。

3. 从《红楼梦》看北京话的创新

(1) 拆词镶嵌。如：流眼抹泪、递茶递水、拿东拿西、剩东剩西、没要没紧、客言套语。

(2) 仿词。如："蠢才，蠢才，你有玉，人家就有金来配你；人家有'冷香'，你就没有'暖香'去配他？"（19回）"你们那些姑娘们，也该教训教训。只是论理我不该说。——今儿得罪了我的事小，明儿'宝姑娘'来，什么'贝姑娘'来，也得罪了，事情岂不大了?"(28回)

（三）老舍的京味儿

老舍是活跃在文坛上的北京人民艺术家，被称为京味儿文学大师。他的《骆驼祥子》《四世同堂》《龙须沟》《茶馆》等作品，都具有性格化、地方性特征，成为四五十年代北京话的代表作品。

1. 词汇丰富、生动

北京口语中类化造词特别丰富。如"扯淡"，就有"扯臊""扯闲盘儿""扯闲篇儿""扯""胡扯""瞎扯"等多种说法；"穷说"也有"穷嚼""穷聊""穷嚷嚷""穷吵"等多种说法。

北京俗语更是生动传神。如"遮五盖六""招猫递狗""晕头打脑""阴死八活""血丝胡拉""全须全尾""蜜里调油""就棍打腿""精湿烂滑""放屁崩坑儿""藏着乖的卖傻的""扳死杠""拌蒜（醉酒后行路自己两腿相绊的样子）""脖儿拐（耳光）""吃瘪子（作难）""打蹦儿（跳）""打开鼻子说亮话""递嘻和（赔笑脸）""干挺儿（勉强支持）""买好儿（讨欢心）"。

2. 语调轻松流畅。如：

"六十九，七十九也不行，也得讲理！"

（《骆驼祥子》）

上面这句，简短流畅。下面这句，则节奏和谐流畅。

杨先生是上海人，杨太太是天津人，杨二太太是苏州人。一位先生，两位太太，南腔北调的生了不知有多少孩子。

（《骆驼祥子》）

轻松的语调，来自落脱的人生：

　　破鞋！甭提啦！既在江湖内，都是苦命人！混咱们这个行当的，有几个死了能有棺材？

（《方珍珠》）

　　卖力气挣钱，不是奴才；你有你的臭钱，我泥人也有个土性儿；老太太有个伺候不着！

（《骆驼祥子》）

3. 苦难中的乐观幽默、从容。如：

　　穷人的命，他似乎看明白了，是枣核儿两头尖：幼小的时候能不饿死，万幸；到老了能不饿死，很难。只有中间的一段，年轻力壮，不怕饥饱劳碌，还能像个人儿似的。在这一段里，该快活快活的时候还不敢去干，地道的傻子；过了这村便没有这店！这么一想，他连虎妞的那回事儿都不想发愁了。

（《骆驼祥子》）

（四）王朔——北京人怎样练嘴皮子

1. 北京周围的山为什么这么矮？

北京周围的山为什么这么矮？你去北京待上一段时间，

就会答案自明：北京人能"砍"，北京人用"口技"把周围的山"砍"矮了！

"侃大山"一般人不知其语源，以为就是砍东西的"砍"，"砍大山"就是把大山砍平，砍价儿就是把价格拦腰砍下一刀。实际上，应该是这个"侃"，即热热闹闹地说、聊。侃大山、神侃、胡侃、海聊、神聊、神吹海哨，都是这个意思。

北京人能侃、善侃，是对北京话的自我陶醉。北京话嘣响溜脆，使得北京人特别钟情于"说"。"说"，成了北京人一种特有的休闲方式，就像提笼架鸟一样，"说"成了北京人的特殊标记、资格证书。

"侃"的特点是闲、贫、油。闲，是说北京人男女老少在说话的语调上，非常平静与安闲，体现了京城人文化和生活的舒适与愉快。从这腔调里，体现了全民的精神风貌，包含了国粹的精华。贫，是说北京话是纯粹的废话多，冗余成分、剩余信息有悖于语言经济、简洁的原则。八旗子弟落魄而语言优越的教养，得到了很好的继承。贫，北京叫"逗闷子"，北京人把说当成找乐自娱、娱人的方式，是物质或精神困乏的一种补偿，岂有不"贫"之理！油，是北京人把说当作相互之间交锋、争斗、磨练嘴皮子的武器，他们与外地人用语

言交换的也只是词句而不是思想，因此，面谀而背讪，当面
"爷、爷"不断，"您、您"相亲，一背脸，就"么玩意儿"
"老帽"，"油"性毕露。可以说，京城人的傲气、投机、面子，
都在这闲、贫、油的嘴皮子上。

于是，北京出了无数个侃爷，"侃爷刘"、"侃爷妞儿"，侃
才辈出。《北京青年报》曾这样给侃爷画过像，可谓巧妙绝伦：

> 侃爷：带着能把一根稻草能说成金条的嘴，"打"遍
> 天下无敌手。看家本事：光说不练；最高境界：云山雾
> 罩；最忌讳的病：伤风感冒嗓子疼。

八旗破落子弟的遗风，为什么到今天才重现辉煌呢？民
国时期，北京动荡，京已不京，国将不国，京城人生存都成
问题，没心情侃；六七十年代，"祸从口出""少说为佳""莫
谈国事"，一场场政治运动封杀了跃跃欲侃的口，把"侃"限
定在了极小的范围之内，人人嘴边都站着一个无形的警察，
侃不起来；80年代，政治解冻，经济为重，为侃砸碎了口的
铁镣，而新生事物的层出不穷，给侃增添了无比旺盛的生命
力，从工资、住房、物价、下岗等切身利益到十几大、邓小
平、香港回归，到国际风云，从出国、下海到这个"潮"，那
个"热"，从反腐败到伪劣商品，到邻里纠纷，到饮食男女之

事，侃源不断。怪话、牢骚、愿望、苦衷、愤懑，自由即兴地滔滔不绝地从口中流淌出来，于是，顺口溜、打油诗、新笑话不胫而走，于是，侃出了《渴望》《编辑部的故事》《我爱我家》，于是，侃出了何阳的《点子》，于是，侃出了一代侃爷之星——王朔。

2. 侃爷高招

王朔以地道的当代北京街头巷语侃出了一大堆新京味小说而当仁不让地坐了京城侃爷的第一把交椅。他在《我是你爸爸》《动物凶猛》《一半是火焰一半是海水》《橡皮人》《给我顶住》《顽主》《过把瘾就死》等一系列的小说中，把北京话发挥到了极致。

(1) 自由自在、目不暇接、发泄情绪的比喻。

王朔的比喻联想奇特，大多是一次性的，其他语境下或他人的作品里不会重现的，并且糅合了种种的情趣。如：

裤裆里拉胡琴的扯淡 (比喻读书演讲会上的讲演)；胶鞋脑袋，长得跟教育似的 (比喻正统的青年人)；镶嵌体 (比喻正派的女孩)；像个儿童一鞭接一鞭抽打的陀螺 (比喻酒后天旋地转的情形)；像野生动物羡慕驯养动物 (比喻一个坏孩子羡慕一个纯真的女孩子)；像混养在马群中的骡子 (比喻自己在人群中惹眼、难堪)。

(2) 不厌其烦地引入街谈巷语。

王朔对街谈巷语,几乎是用一种对北京话难解的情结去玩味,把鲜活的京腔京调,铺天盖地地呈现给读者。一是转录平常而精彩的对话,如《给我顶住》中夫妻一吵:

"你少来这套!我怎么啦我怎么啦?不就是晚回来了一天,用得着你这么颠过来倒过去的说?你要这样我就天天晚回来。"

"我来哪套了?我又怎么啦?我不也就晚回来一天。"

"你是晚回来一天么?哪天你按点回来过?"

"那我也没干别的呀,就是和一帮朋友打打麻将还是赢多输少。"

"谁知道你干嘛去了。"

"你说我干嘛去了,你要这么说就没劲了。"

"我不知道你干嘛去了,你干嘛去了自己知道。"

"你怎么不讲理呀?行,我不说了,你说我干嘛去了我就干嘛去了。怎么着吧?"

"你现在是越来越狂了。"

"什么话!我狂?我哪有你狂呵?你多狂呵,说灭我就灭我，我一个挺大男人每天还得看你脸色。”

"你要是不愿跟我过了，烦我了，你可以走。"

"就会来这套。你们女的是不是都这德性？"

"没新鲜的。图新鲜你找别人去。"

"你要老这么没完，我可真烦你了。"

"烦就烦，烦就离婚。你威胁谁呀？谁怕你呀？"

二是大量吸收下层粗鄙、恶俗土语甚至黑话，如牛逼、傻逼、波依（"屄"的切音）、土鳖、玩儿蛋、臭大粪、套瓷、煽情、情儿（情人）、屎（蠢笨）、刷浆糊（往女人身上排精液的流氓行为）、水（钱）、起腻、逗咳嗽（找事儿）、盘儿亮、拍婆子（追逐女性）、灭（打败）、蜜（情人）、猫儿匿（暗中不正当行为）、零碎儿（骂人话）、喇（出卖色相的女人，妓女；勾引，玩弄）、圈子（妓女）、老枪（老流氓）、花（放骚）、棵（一百元人民币）、份儿（棒，有本事）、佛爷（小偷）、放血（伤害人）、发（把自己的情妇转手给他人）、颠儿（离开）、操蛋、呲嗷（"奋"的切音）、丫挺的、妈拉个巴子、疖子当奶子——光知道吮、鸡屎拌面——假卤（鲁）、别价、腕儿、泡时间、老帽儿、款爷。

（3）爱搬典故，刻意造典。通过联类比附、移置背景、随意发挥，形成重大事件或社会现象的"新典故"，如：

> 我觉得这会儿就想着怎么推卸责任，实在让人寒心。有什么大不了的事儿？不就是一个侵权纠纷么？最坏的情况也不过是上咱们人民的法院。这么点小事就不认同志了？真要到了盖世太保手里，恐怕老虎凳没坐辣椒水没灌就得叛变！

（《懵然无知》）

> 这是两码事戈玲，对敌人对同志那是两种态度，一个横眉冷对，一个俯首甘为，不能混为一谈。不能！绝对不能！

（《懵然无知》）

还可把典故熟语化，如：味道好极了、人见人爱、没商量。

(4) 书面语口语化。一是把形容词用"特、真、那"等口语化副词修饰，使书面语口语化，如：说的话"是真肺腑"、擦眼泪装没事人"那熟练那专业"，故意把自己说得"特可怜"、"特招人同情"。二是把名词、形容词当动词用，如："别搭理他，让他自个嘴上快感去""肉麻什么肉麻什么?"

(5) 调侃式的幽默。《千万别把我当人》写食客下馆子巧

立名目，给饭菜附比文化特色的一段，相当别出心裁，辛辣
活泼：

这道菜是由三枚核桃仁和一只肉丸子烧成，名为
"三人行，必有我师"。

这道菜是由三十六种调料煨出的肚丝马铃薯，叫做
"万般皆下品，唯有读书高"。

这道菜是砂锅炖蘑菇，叫做"国中不可一日无君"。

这道菜是一只小母鸡和一只大公鸡一只小公鸡一只
公螃蟹熬的汤，叫做"在家从父、出嫁从夫、夫死从子。"

这道菜很简单，就是煮的嫩鸡蛋，蛋是公是母自然
无法判定，所以就叫"不求有功，但求无过"。

以下还有不少菜，如："软弱走遍天下，刚强寸步难行"
（炖骨头）、"见怪不怪，其怪自败"（清炸蜥蜴和蚯蚓）、"枪打
出头鸟"（烧鸽子）、"穷寇勿追"（琼脂、可可和五个鸭嘴做的
甜羹）、"人穷志短，马瘦毛长"（没褪毛的马肉）、"好死不如
赖活着"（烧全猪）。

（6）谐音和语义双关。如：美丽冻（动）人、床头儿柜
（跪）、乱（恋）爱、一脸旧社会、满脸双眼皮儿。

三、词汇篇：
万紫千红总是春

（一）谈谈"猪娘"现象

"娘"，本指年轻的女子，后成为妇女的统称；俗指母亲。以后，奴婢称主妇、称人之妻、称长辈或年长妇女，均可用"娘"。总之，"娘"在北方专门称人。在南方却不然，"娘"不但称人，也可以称雌性动物；又加上在构词方法上，南方往往把通称词放在性别之前，所以北方的"母猪"在南方就成了"猪娘"了：

北方	南方
母猪	猪娘、猪母、猪母娘、猪嬷
母狗	狗娘、狗婆子、狗㜺、狗嬷
母鸡、草鸡	鸡娘、鸡婆子、鸡㜺、鸡嬷

对于雄性动物，南方以"公"统称，而北方则有多种叫法：

南方	北方
猪公	公猪、撅猪、骟猪、叫猪、牙猪、泡卵猪、蛋猪
狗公	牙狗、骚狗、撅狗
猫公	儿猫、男猫、牙猫、癫猫

由此，我们可以看出方言词汇从语素到构词方法上的差异。同一事物，各地说法不同，名称迥异。

1."雪条"不是雪做的

广东把"冰棍儿"叫"雪条"、"雪枝"、"雪糕"，是受其生活的自然环境的影响的。岭南温湿，多雨而罕雪，人们根本没有区分冰与雪的经验，反映在词汇上就"冰"、"雪"混同，以"雪"代"冰"了：冰柜——雪柜、冰镇——雪藏、冰鞋——雪屐。

因生活环境造成的方言间词汇的差别，例子不少：

面。南方以稻米为主食，所吃之"面"，是北方的"面条"。而北方以面为主，称面粉为面，把面分为"白面（麦面）""黑面（瓜干面）""玉米面""高粱面""豆面"等多种；

面食品种更多，如担担面、挂面、切面、刀面、拉面、杂面、面汤、包子、馒头，就需要加以区别。南方人至今把"脸"说成"面"，就是因为在生活中没必要对"面"进行区分，也就是说，用"面"指代"脸"不会引起歧义，才仍然保留着这个古汉语词汇的，如：汏面（洗脸）、面桶（脸盆，也说成"面盆""面盂"）。

海。广州人常把"过江"说成"过海"，有"江海"相混的现象。这是因为香港九龙的居民，习惯于"过海"的生活，把这个日常用词带到了广州，连珠江两岸的摆渡也叫"过海"了。

2. "太阳"也是大老爷

北方话中，敬畏太阳，一般以"爷"称之，如：老爷儿、爷爷儿、爷爷、日头爷、佛爷儿、前天爷、老天爷儿。这种社会避讳心理，导致了方言词汇的差异，例如：

落苏。上海人称茄子为"落苏"，这是上海人避讳污秽的结果。上海、江南一带，茄子一般为圆柱长形，不像北方大多为椭圆球状，它与男子生殖器形状接近，故上海人称"卵"为"茄子"，"茄子"附加上了男性器这个委婉语以后，性标志越来越明显，上海人只得再来一次委婉，称茄子为"落苏"，让"茄子"专指性更强一些。如说儿童懂事或太大人味，就说"格小囡老茄茄格"，"老茄"即"老卵"也；说人逞能，用"格人老茄来些"。

叫猫。我国大部分地区把猫发情叫做"叫猫"或"叫春"，也是处于一种避讳心理。对动物的交配，更要委婉言之，如山西：猫、狗交配——斜窝，猪交配——穿猪、压猪，蛇交配——捂；徐州：牲畜交配——爬羔儿；南宁：狗交配——打能，猫、狗发情——打老；山东：牛、猪发情——起豪、撒欢儿、起性、起窠、起劲、打圈、打栏，羊、牛、猪交配——爬，狗交配——吊秧子，鸡、鸟交配——凫群儿、踏踏、踩，昆虫交配——捂对儿，鼠交配——欢羔儿。

快菜。客方言把韭菜叫"快菜"，因为"韭"谐音"久"，避忌之。无独有偶，北方人行酒令时也把"九"说成"快""快升官"："宝拳一对；哥俩儿好；三桃园；四红四喜；五魁首；六六大顺；七巧七巧；八匹战马，快快升官；全了全了。"同样的，出于对"血"的忌讳，客家把"猪血"叫做"猪红""猪旺"；出于对"散"的忌讳，广东人把"伞"叫做"遮"。

奶奶。四川称女人乳房为"奶奶"；港粤地区也有这种说法，这是因为对女性乳房的避忌。旧称以乳喂养别人家小孩儿为职业的女性叫"奶子",后"奶"便转指乳房。有些地方如北京称"妈妈",嘉定则称"伯妈",是从隶属角度命名的;东北、北京称"咂儿""咂咂""大咂咂",是从婴儿的吸吮动作角度命名的;广东称"波""大波",是英语"球"的音译,取其形状和用以玩弄的角度命名的。

3. "鼎"就是古代的锅

有些方言里,如粤闽、客家,保留的古语词比较多,仍用老说法指称事物,形成了方言词汇的差异。如北方人炒菜用的"锅",浙江人说"镬",福建人说"鼎"。秦汉以前,"锅"就是三条腿的鼎(后来去掉三条腿而与今天的圆底锅一样),其后北人南下将"鼎"这个词带到南方,在福建保留至今;而在北方,经过世代更迭又改"鼎"为"镬",该词又随着移民渡江到吴语区;再后来,北方话又以"锅"代替了"镬""鼎"或"釜"。再如:

颈。吴语称脖子为"头颈","颈"为古语词,北方现为书面语。

衫。吴语称衬衣为"衫",为古语词,古代指无袖头的开衩上衣,多为单衣。现在北方有"衬衫""衣衫"等书面语,口语不说。但吴粤仍说"衫袖""长衫""短衫",又类比出

"T衫"等词。

望。吴语把"看"说成"望""相""眢""睇""瞭",均为古语词,北方多用于书面语。

食。南方如吴、粤把"吃"说成"食",有"食茶、食水、食烧猪、食自己、揾食、食头著、大食妹"等说法。凡汤,则用"饮"或"啜",如"啜茶""啜粥"。"食、啜、饮"均为古语词。

其他还有"翼—翅膀、话—说、着—穿、无—没有、将—把、乌—黑、索—绳子、禾—稻子、行—走"等一大批。

4. "奶粪"与"喂肥"

一听"奶粪",外地人会迷惑不解:哪有给粪喂奶的?怎么个喂法?实际上,"奶粪"就是追肥。农村大都把地里的庄稼看成是婴儿,小心细致的侍弄,用拟人的手法创造了许多词。湖南叫"奶粪",山东叫"喂肥""喂氨水""喂地",这些词语的差异,是由于命名角度、命名方式不同而造成的。如:

普通话	各地方言
白糖	糖霜吴
事情	事体、事干、道路吴
高兴	开心、快活吴

猴子	活狲、猴陀_吴

猴子　　　活狲、猴陀吴

花生　　　落花生、落果生、长生果、果子

白薯　　　番薯、红薯、甘薯、番仔、番芋厦门、洋番
　　　　　薯温州、红芋、红苕、山芋、地瓜

向日葵　　拜东莲宜春、望月斜平江、朝阳花济南、转悠葵
　　　　　儿青州、朝日莲、转日莲胶东、转向葵、转天
　　　　　葵、转株葵鲁西北、照葵、迎葵枣庄、关关葵临沂、
　　　　　场院花淄博、苍阳花利津、万只灯长清

玉米　　　棒子济南、玉麦、苞米、玉荞子陕西、玉蜀黍、
　　　　　苞谷、玉如书、棒头、红须麦巍山、黍麦温州、
　　　　　麦穗、番大麦厦门、御麦旧说法、荞子、胡秫牟平

窗子　　　窗门、亮槛、槛窗吴、窗户山东

肥皂　　　油皂、洋皂、洋油皂吴、番枧粤、胰子北方

开水　　　滚水、耐水、茶、白茶

红烧肉　　东坡肉、把子肉山东、肘子

祖母　　　奶（妳）、嫚嫚、奶奶、婆、阿婆、嬷嬷吴

父亲　　　爷、爹、爸、大、达、大大、达达、叔

母亲　　　婶婶、娘娘、娘、妈、伯、娜、奶、婆婆
　　　　　娅、媛娅河北旧称

妻子	老婆、屋里、家里、婆姨_{西北}、媳妇、做饭的、孩子妈、新妇_{南方}、心抱_粤、女人、堂客_{长沙}、内荆_{铜陵}、老安_{温州}、女客_{南昌}、母、嫲_{厦门}、婟娘_{永定}
丈夫	老公_{南方}、老豆、男客_{南昌}、男人、老头子、掌柜的、当家的、老倌_{长沙}、大夫_{厦门}
姐姐	妲妲、姊姊、妲、姊_吴
舅母	娘妗、妗娘_吴、妗子
小孩子	细个、小人儿、姆_吴、小孩儿、小子、娃、小娃、小娃子、细娃子_{西南}、小伢_{湖北}、小霞子_{扬州}
什么	舍子_{四川}、送个、哄个_{安徽}、啥_{东北}、么、么儿_{冀鲁}
漂亮	生好、好看、好瞭、好瞅、地道_吴、靓_粤、排场、出俏_{山东}

5.“自己”还是“自个”

有不少方言把“自己”说成“自个”，其实“己”、“个”是由于方言 j、g 不分，造成了同音，而误记为另一个字的。这种情况还有一些，如：

家：格、价、戈、各、哥

着（表示动作的持续和进行）：可（济南）、阿（泰兴）、倒（四川）、的（怀安）

(二) 叫不得"老二"，称不得"姑娘"

有个外地人带着两个儿子到徐州旅游，晚上，同进宾馆浴池洗澡。小儿子洗完澡后跑出浴池玩耍去了。外地人发现儿子不见了，便四处寻找，最后走到服务台前，问女服务员："小姐，你看见我的老二了没有?"谁知服务员顿时红了脸，粗着嗓子骂上了："谁见了你的死老二! 臭老二，臭流氓，不要脸!"

原来，徐州一带称"老二"，是男性生殖器的讳饰语，外地人不懂，犯了忌讳，服务小姐误以为调戏她，闹了一场误会。

在湖南常德一带，北方的记者也闹了一场尴尬：记者问两个荷锄的年轻女子："两位姑娘，请问去桃花村走哪条路?"两位女子听了，顿时满脸怒容："你这家伙，不怀好心，瞎眼了，谁是姑娘?"记者一愣，解释说："你俩年纪轻轻，不是姑娘是什么?"两位女子大怒，举锄就打："你这流氓，胡赖好人，你娘才是姑娘呢!"

原来，常德一带，旧社会称卖身的妓女为"姑娘"，因此，现在此地的女子一般忌讳别人称自己是"姑娘"，北方记者不懂，险遭毒打。

五里不同风，十里不同俗，方言词汇中，有许多同名异物的词语，形成了方言词汇的差异，需要特别注意。如：

老爹—祖父_{上海} 老头子_{湖北}

家小—妻子_吴

大嬷—伯母_吴 姑娘_{青岛}

堂客—妓女_{湖北} 妻子_{长沙}

姐儿—妓女_{江淮}

老公—丈夫_{南方} 乌鸦_{天津}

　　　　雄性昆虫_{冀鲁}

崽—儿子_湘 小动物_{北方}

鸽子—布谷鸟_湘

新妇—儿媳_吴

伲子—儿子_吴

爹—祖父_{湖北天门}

妇女—已婚女性_{北方}

妹子—女儿_湘 情人_{西北}

公公—祖父、外祖父_{西南}

　　　　公爹_{冀鲁}

郎—女婿_湘 姑爷_赣

八哥—白背鸡_湘

秧子—公子哥_{天津} 禾苗_{重庆}

开黄腔—说外行话_{四川}

　　　　说荤话_{山东}

瞎了—白费了、丢了_{北方}

憨—粗_{北京}

造孽—可怜_{四川}

乍古—坏_{天津} 吝啬_{山东}

作业—胡作非为_{北方} 未婚男

　　　　女一起过性生活_{湖南}

作家—老农_{湖南}

老妈—爱人_{福州}

奶婆—乳房_湘 对火儿—男女

亲吻_{西北}

谷子—稻子_{成都}

巴结—培养、带挈_{天津} 生活

困窘_{山东}

乱—住宿_{河南}

狗子—跳蚤湘

线车子—自行车湘 纺车北方

采矿—选择墓地湖南

唠倒—碰见湘西 性交湘南

闲唠嗑—谈东北

揩—逮河南

鸟飞—人死闽

热和—暖和四川

走水—失火北方

好朋友—月经上海

（三）"落水"与"孩子长得肥"

各地词汇中都有一部分独特的词语，如广东就把"下雨"说成"落水"，"手套"说成"手袜"；天津把女乳叫"个个"，把"打"说成"广"。

在南方，"肥"不但形容动物，也用来形容人，于是，南方的孩子也"长得肥"。湖南、四川把"苍蝇"也叫"蚊子"，如饭蚊子、大粪蚊子、青头蚊。这都是由于方言词语词义范围大小宽窄引起的词汇差异。在河北，"娘"指亲生母亲，"妈"则指干妈、继妈，"妈""娘"严格分工；在四川，"玩"与"耍"也有分工，区别清楚，成都人称娼妓为"玩家"，所以到朋友家做客，只能说"耍"，不能说"玩"；在豫北，"馍"成为一切面食的通称，如白馍、粗馍、油馍（油条）、烩馍

（烩饼）；在西南、东北，"整"可以指人的一切行为，如整田、整饭、整人、整死、整衣服。

有许多方言词语被普通话所吸收，方言词语成了普通话词语的新鲜血液。不但普通话里没有的方言词被吸收，如尴尬、垃圾、把戏、揩油、吊胃口、搞、打的、废物点心、傻帽儿，一些普通话已有的，仍被普通话所容纳，如"迷你裙（超短裙）""恤衫（衬衫）""发廊（理发店）""电饭煲（电饭锅）""写字楼（办公楼）""整（弄）""唠嗑、侃（聊天儿）""拉倒（算了）""雪糕（冰淇淋）""单车（自行车）""老抽（酱油）"。

（四）"秋千"的典故

秋千，相传春秋时齐桓公自北方山戎传入，也说是汉武帝时宫中之戏，作"千秋"，为祝寿之辞，后倒读为"秋千"。在闽语中，"秋千"的第二种语源得到了证明、"秋千"在闽语中至今仍读作"千秋"。也就是说，粤、闽、客家等方言中，有不少词语在构词方式上，用的是同素异序法。如闽方言：康健、菜蔬、历日、鞋拖、风台、鸡母、牛公、猪哥（公猪）；吴方言：亮月、闹热、欢喜、道地；客方言：紧要、人客、尘灰、菜干、兄弟；粤方言：齐整、挤拥、宵夜。在北方话里，也有这种同素异序构词方法，如山东话：命性、嚏喷、耍戏、乐快、糊迷、久长、袖领、拉耷、罕稀、貌相、倒颠、布摆、认承、习练、乱散、望盼、攒积、喊呼、量比、羊母儿。这些同素异序词，尽管组合次序不一样，但与普通话中的同素异序词，意义完全一样。

方言词语在构词方面，还有一些特点，如重叠构词、词缀构词、仿造、缩略等不同方式，下面作简要介绍。

1. "人们"与"树们"

鲁迅在《从百草园到三味书屋》中有一句描写百草园趣味无穷的话——"蟋蟀们在弹琴"，用的是拟人手法，把表示人的复数的"们"用在了昆虫身上，是讲得通的；倘若不是拟人，说"狗们"、"石头们"就会成为笑谈。但是，在河北藁城，"们"可以几乎用在所有的名词之后：人们、头夫们（许多牲口）、树们、衣服们、活们……成了方言中词缀构词的一种方式。

各方言中比较有代表性的方言词缀例释如下。

(1) 阿

吴语常用"阿"作名词前缀。如在亲属称谓前：阿爹、阿公、阿叔、阿哥、阿姐、阿舅、阿侄、阿囡、阿俉人；在序数排行前：阿二、阿三、阿大、阿二头；在小名、名字前：阿英、阿翠、阿花、陆阿元、陈阿兰、娄阿鼠；在贬义人称前：阿土（即"乡巴佬"）、阿糊、阿胡、阿飞、阿混、阿木林（呆子）、阿曲死（冤大头）；在一般称呼前：阿太（年长妇女）、阿姐（同龄女子）、阿领（拖油瓶）。

(2) 子

上海话有一些普通名词和时间词后加"子"，是普通话所没有的，如：学生子、新娘子、帐子、杏子、桃子、馆子、今朝子、昨日子、旧年子、伊日子。

在邯郸，"子"说成"的"，如：屋的、鼻的、冷的（雹子）、鼻的、脖的、胰的、包的、饺的、茄的。山西也有这种情况。

(3) 老、佬

河北某些地方用"老"表示排行最小的，如：老姑、老叔、老兄弟、老儿子、老闺女；山东、东北一些地方也有这种情况。

在某些地方，"老"写成"佬"，用以称人。如粤方言；但在山西，"佬"专指人品低劣者，用法同普通话的"美国佬"、

"乡巴佬"、"和事佬"，但口语里有很多"佬"缀词，与一些古代白话文献里的"佬"，如"邦老（强盗）""盖佬（嫖客或丈夫）""孤（或姑）老（嫖客）"一脉相承：病病佬（老病号）、哭哭佬（带哭相的人）、瞎瞎佬（盲人）、跛跛佬（跛腿者）、娃娃佬（孩子气的人）、讹人佬（强索财物者）、古式佬（落伍者）、懒势佬（懒人）、恶水佬（污垢满身者）、糊涂佬、淘气佬（笑料）、死人佬（毫无生气者）、厉害佬；甚至物事也可用"佬"相称，如：蔫蔫佬（蔫苗）、锈锈佬（锈铁）、糠糠佬（糠萝卜）、弯弯佬（弯的棍状物）、捂捂佬（发霉的粮食）、破破佬（破烂货）、害人佬（老鼠）、肮脏佬（脏东西）、虫吃佬（虫蛀的果品）、臊气佬（臊臭味）、寒碜佬（羞耻之事）、夹人佬（夹脚的鞋）。

（4）基（侪）、立、子

湘方言用"基"缀在称谓词或一般名词之后，表示"小"和喜爱，相当于普通话的"儿"韵尾。如：大哥基、老弟基、舅母基、叔基、婶基。宜春则说成"立"，相当于普通话的"子"，如：女立、伢立、绳立、茄立、猴立、鞋立、盘立。

闽、粤方言则用"仔"表示小，同"子"、"儿"，如：桌仔、帽仔、椅仔、手布仔、鼎仔、碗仔、牛仔、衫仔、刀仔、鸭仔、石仔、狗仔、耳仔；有时用"仔"专指青少年，如：男仔、女仔、肥仔（胖子）、靓仔；有时用"仔"作为名词的标志，没有特殊的附加意义，如：兄弟仔、姐妹仔、咋婶仔（姑娘）、歌仔（歌曲）、烟仔（香烟）；有时则用"仔"来贬称人，如：哑仔（哑巴）、戆仔（傻孩子）、走鬼仔（丫头）。

2. "瓶瓶酒"与"盒盒粉"

西北官话把成瓶的酒叫"瓶瓶酒"，把成盒的粉叫"盒盒粉"，是通过重叠，表示意义的。重叠法在普通话中也有，如个个、天天、爸爸、姐姐、星星、蛐蛐、高高、慢慢、看看、尝尝，但远没有各地方言重叠构词的丰富多彩。如西北、西南官话中，带"小"的，一般用重叠形式，相当于普通话的"儿"化韵：堆堆、根根、盘盘、眼眼、卷卷、罐罐、豆豆、帽帽、布布、水水；还可用重叠修饰重新构词：包包白菜（洋白菜）、笼笼肉（粉蒸肉）、担担面；甚至表示计量方式和所指具体位置，也是通过量词和指示代词的重叠来实现："这米不卖升升"（不按升卖）、"你的站在这这等着"。

山东方言叠音构词也很丰富，下面以沂水话为例，简单介绍一下。

(1) 叠音名词

沂水方言的叠音名词跟其未叠用的单音字相比，有的意义发生了变化，有的派生出了新的意义，如：娇娇（婴儿的爱称）、咬咬（小飞虫）、包包（可观的大笔钱）、犸犸儿（婴儿）、方方儿（药方儿）、条条儿（单据）、至至儿（皱折）、碴碴儿（瓦石碎片）、事事儿（烦心的事情）、壳壳（小纸板）、杠杠儿（界线，准则）、梗梗（不驯服）、颗颗儿（小树丛，草丛）、胡胡儿（二胡儿）、哈哈儿（唢呐）；其中有些儿语也含有特殊意义，如：巴巴儿（小男孩性器官，也叫"鸡鸡儿"）、八八（大便）、粑粑（煎饼）、唠唠（猪）、毛毛（狐狸等动物，也叫"猴猴儿"）、娘娘（伯母）、椒椒（辣椒，也叫"辣辣"）、就就（乳房，乳汁）、羔羔儿（小羊）、哗哗（尿，也叫"世世"）、呜呜（汽车）。

(2) 叠音动词

沂水方言叠音动词不像普通话的动词重叠，表尝试或动作反复、轻微，而都具有较明显地描摹某一动作情状的附加意义，甚至有了特定的含义。如：

巴巴——张开着；热切地盼望。例：～着闺女送年。

摆摆——支使，安排（贬义）。例：成天～着人玩儿。

绷绷——紧绷，紧贴。例：衣裳瘦，～了身上难受。

拍拍——低矮，紧贴着地面；不踏实。例：行不行，我心里还～着，不实落。

母母——拙笨。例：她太胖了，身子～着。

探探——伸出。例：～着头，从墙上往外看。

挺挺——僵硬；死，指睡觉，含贬义。例：日头晒了腚了，还～了床上

拿拿——作做；拘谨。例：～着嗓子，难听。

闹闹——开玩笑。例：他好～着玩儿。

拧拧——不周正，歪斜。例：～身子走路，怪难看。

吵吵——争执，吵架。

弓弓——（腰）弯曲。

剜剜——四处打听，到处寻找机会。

(3) 形容词的重叠

形容词重叠是形容词的生动形式之一，大致可分为前加式和后加式两种。前加式 BA 有"BBA、BAA、BABA 的"三种重叠形式，表示"很 A"、"十分 A"的意思，如：

穷—血穷—血血穷—血穷穷—血穷血穷的

浑—浆浑—浆浆浑—浆浑浑—浆浑浆浑的

凉—冰凉—冰冰凉—冰凉凉—冰凉冰凉的

香—喷香—喷喷香—喷香香—喷香喷香的

粘—焦粘—焦焦粘—焦粘粘—焦粘焦粘的

远—亨远—亨亨远—亨远远—亨远亨远的

后加式重叠形式有"ABB（儿）的、A×BB（儿）的"两种形式，表示程度的略增或略减：

丑—丑巴巴—丑个巴巴；丑查查—丑巴查查；

紧—紧气气—紧个气气；紧乎乎—紧达乎乎；

高—高索索—高嘎索索；高发发—高个发发；

红—红出出—红木出出；红棱棱—红不棱棱；

急—急溜溜—急么溜溜；急火火—急么火火。

3."蜜"的家族

"蜜"，是"女秘书"或英语 miss 的简称，北京话专指女朋友，情人。《北京青年报》1988 年 7 月 26 日《社会大特写》说：

> 另一种女人叫"蜜"。她们做人"咖啡伴侣"的目的，
> 绝大多数只想玩玩，享受一下自己经济条件达不到的物质
> 生活。当然，她们也接受了她们的"男朋友"包括金钱在
> 内的各种各样的馈赠，但，这和给"喇"的"工钱"有着

本质的区别。她们的男朋友是相对稳定的，有的"友情"能维持一两年。"蜜"的年龄极少有超过 30 岁的。

"蜜"一出现，"蜜"的词族也马上形成。一类是与"追蜜"词法结构相同的一族：

嗅蜜。谓追求女性，寻觅女友，如：也许他们对一切都感到腻烦了，唯有女色可以唤起他们的激情。当然，他们并不把歌厅视为泄欲场，却实实在在地把歌厅当作求欢的媒介所。他们要在这里"嗅蜜"……自从歌厅成为大款们的主要消费场所，便有一群女人尾随而来，以比女侍们更迷人的微笑、更热烈的"爱心"，招引着嗅蜜的蛱蝶。(艳齐《京城歌厅面面观》)

扎蜜。意义同"嗅蜜"，如：我和他相识有年，可至今不知道他到底从事什么职业，只知道他近年来阔起来了，扎蜜，下高级馆子，抽名烟喝名酒，每月生活费在千元以上。(杨菊芳《名烟的震荡》)

磕蜜。勾搭姑娘，如："三哥，真加班吗？别是去磕蜜了吧？"这几个小伙子每晚都聚在一起，扎在最黑暗的角落里神侃，都爱把自己说成江洋大盗或是采花淫贼般的人物，个个都犯过够枪毙的罪过。(吕晓明《简易楼》)

另一类是和"酒蜜"词法结构相同的一类，如：

舞蜜——陪舞的年轻女子。

军蜜——现役军人的女朋友。

洋蜜——外国女友。

只要出现一个词，马上就出现此种结构类型的一批词，这就是方言中的类推构词，或叫做模仿构词。最近几年，这种构词方法产生了许多新词。如：倒儿爷——板儿爷、款爷、侃爷、冒儿爷、托儿爷、包爷、揽爷；空姐——的姐、款姐、蜜姐、星姐、靓姐、托姐、军姐；军嫂——警嫂、商嫂、空嫂；丢份儿——掉份儿、拔份儿、跌份儿、放份儿、出份儿；穴头——大姐头、泡头、炮头；的哥——款哥、星哥、靓哥；晕菜——瞎菜、出菜、来菜、颠菜；大哥大——大姐大；傍大款——傍鬼子。

4. 缩略语

缩略现成的词语，使方言出现了一批新词，如北京话中，狂——猖狂，放肆、厉害；潮——新潮，时髦；派——有派，有风度；盖——盖帽儿，极棒、超过所有其他的；火——火爆，红火，热烈；黑——心黑，贪财；冒儿——傻帽，老冒儿，太傻、没见过世面；灭——灭掉威风，打服、打败；残

——弄残废，打残；废——打残废；牛——牛气，骄傲、趾高气扬；盘儿——脸盘儿，容颜；事儿——多事，好事；晒——晒干儿，把人干晒在一边不予理睬；宰——宰人，做生意时诈骗顾客；顺——顺手牵羊，偷；特——特别，非常；现——现眼，丢丑；扎——扎啤。

5. 床头儿"柜"

北京话把怕老婆、经常被罚跪在床头的丈夫叫"床头儿柜"，柜，"跪"的谐音。如：

> 这些年来男人怕老婆、妻管严、床头柜反倒成了女人值得炫耀的本事，而男人又偏偏在该露脸的事情（如体育比赛）上点儿背，总是拔不上份儿，让男同胞们自弗不如挺不起腰杆。（《北京青年报》，1992 年 1 月 11 日，《人在旅途》）

方言中不少词语是用谐音创造出来的。利用谐音，设置物相，扩大信息含量，拓展想象空间。如北京话中：

气管儿炎。"妻管严"的谐音，谓男人惧怕妻子的一种不正常心理。

乱爱 。"恋爱"的谐音，谓不正当的、不负责任的、随随便便的爱。

美丽动人。动，"冻"的谐音，谓为打扮俏丽而不顾气候寒冷，情愿受冻。

外帽儿。与"外贸"谐音，指外国进口的过滤嘴香烟。

五指山。"五指搧"的谐音，谓抽嘴巴，打耳光。五指山在海南岛，因电影、芭蕾舞《红色娘子军》和歌曲《我爱五指山，我爱万泉河》而闻名。

（五）风情万种

1. 棒槌故事

长白山采山参，山规之一是发现人参时需立刻大呼一声"棒槌"，据说如此人参就会被定住，不再逃跑。"棒槌"，成了长白山一带特有的名物和采参人的行话。

围绕采参，还出现了一系列的地域和行业特色的说法：

放山。进山挖参。常年放山的人，在农历 4、5 月份开春时节，乘参芽出土时上山，叫"放芽草"；6、7 月为"放黑草"，这时浓草密绿，参苗百草混在一起，不易发现；7、8 月为"放红头子市"，这时参籽变红，非常显眼，喜食人参籽的棒槌鸟也叫声活跃；参落后，叫"放刷帚头"；白露霜后，叶枯秆黄，叫"放黄罗伞"。此外，一人单干，叫"撮单棍"；集体进山，领头者称为"把头"，也叫"头棍"，压队的叫"边棍"，都因手持棍棒从事生产而得名；中间的叫"挑杆的"，其行家里手称为"明棍"；夹在挑杆与边棍之间的，叫"刍把"，多由新入伙的"小半拉子"充当。

"老把头"。老把头是孙良，被放山人尊为掌管长白山、保护放山人的神。传说很久以前，山东莱阳有两个要好朋友，叫孙良和张禄，都给地主扛活，累断脊梁骨，仍然缺吃少穿，后来听说关东长白山有棒槌，比黄金还贵，人吃了长生不老，就历尽千辛万苦赶到长白山，想挖出棒槌，卖个好价钱，摆脱贫苦的命运。他们进山以后果然挖了不少，想再挖点，就分头行动，定好日落以前回地子。第二天太阳落山时，孙良赶回地子，可等不来了张禄，于是他找了七天七夜张禄，干粮吃光了，蘑菇、野果吃光了，就抓河里的蝼蛄吃，潦倒昏迷之际，用尖石刻下了一首诗："家住莱阳本姓孙，漂洋过海来挖参；路上丢了亲兄弟，沿着蝼蛄河上寻；三天吃了个蝼蛄，找不到兄弟不死心。"① 写完，口吐鲜血而死。后人敬重

---

① 此诗流传中略有差异。还有一种说法，为："家住莱阳本姓孙，隔江跨海来挖参，三天吃了个拉拉蛄，你说伤心不伤心？家中有人来找我，顺着古河往上寻。"

他的善良义气，尊他为"老把头"，成为参民们心理的安慰，精神的寄托，行为的约束。

快当。见面说"快当"，是放山的礼节，取其吉利的意思；甚至连采参工具，也加上"快当"一词，如：快当刀子、快当斧子；放山人相互问好，也必说"把头快当"。

喊山。发现人参时大喊一声"棒槌"。如果误喊草为参，叫"喊炸山了"。《孙把头废山规》故事里说，有个"小山东"入了一伙放山的队伍，借此寻久未归家的父亲。一天见到一条蛇，他惊呼："大长虫！"把头过来说："你把长虫拿着，不见着棒槌不许扔！"又到了一片蘑菇地，他赞叹"好蘑菇"，把头又让他拣起所有蘑菇背上。这样，"小山东"身上压了一百多斤分量。过了山冈他又发现一堆白花花的骨架，想说又怕把头让他背上，夜里就拿出娘交给他认爹的标志——一只铜耳环，说："爹呀爹，我什么时候才能见到你！"把头也有一只铜耳环，听见后要来一看，正好一对，原来"小山东"正是自己的儿子。他搂过儿子，感怀万端。儿子便把发现白骨的事告诉了他。第二天爷俩找到一看，原来是能治大病的虎骨。他问儿子："你为什么不早说？"儿子说："怕说了你又让我背上。"把头从此废了喊错山就"拿"的规矩。

拿。放山人有规矩，只许说"拿"不许说"放"，吃饭叫"拿饭"，回地子睡觉叫"拿房子"，休息叫"拿火"（抽烟），做饭叫"端锅"，挖参叫"抬参"，想用语言魔力来控制大自然。

"棒槌"等一系列词语，都属于特有名物词，这在每一种方言里，都有许多，反映了这一方言地区的人文景观和民俗风情。下面作分类撮要介绍。

（1）爱窝窝

"爱窝窝"也作"艾窝窝"，是北京地区的一种食品名字，它由熟糯米饭加豆沙馅制成。

全国各地都有一些特有的风味小吃或一般食品，形成了一批特有名物词：

担担面。成都地方风味小吃之一，面上盖有牛肉或猪肉臊子，因原为一小贩担着担子到处叫卖而得名。

狗不理。天津市一家著名包子铺招牌，转指具有这家铺子特色的包子。传说因开店老板小时贱名为"狗不理"而得名。

龙须面。山东节日饮食，即面条。二月二是龙抬头的日子，主要风俗活动围绕"龙"开展，如引龙填仓、祈丰收和祛害虫；这天的饮食也要以"龙"为名，如馍头叫"龙蛋"，小米叫"龙籽"。

酥锅子。山东风味小吃，由酥鱼、酥海带、酥藕、酥白菜等一锅酥菜而得名。酥鱼用鲫鱼，加醋生放锅中。锅用砂锅，底铺一层猪肋骨，上摆生姜厚片，其上摆鱼，一层鱼一层大段葱白，上一层海带卷；再一层鱼，上一层厚切藕块，一层白菜，焖煮而成。外形完整而内里已烂熟。

大姨妈。川菜肘子，因其又肥又嫩而得名。

白斩鸡。四川菜肴，也作"白宰鸡"，把鸡放在白水里囫囵煮，煮熟后切成肉片拌以海椒酱油吃。

煲仔饭。广州砂锅饭。在大炉灶上开数十小孔，每孔置一砂锅，每锅内煮米二三两，闭盖至八成熟，即开锅调入鲜肉、鱼片和排骨等，再盖锅微火煲十多分钟，米香肉熟，均撒生油、麻油即可。

楂子。东北主食，即"大米**楂子**""苞米**楂子**"。把玉米碾成碎粒，做成干饭或水饭。

抄手面。四川饮食，一半馄饨一半面条。

(2) 狗气杀

鲁迅在《故乡》里，写豆腐西施杨二嫂趁他搬家时，要去了一个"狗气杀"。"狗气杀"是绍兴一带养鸡的一种器具，木盘上面有个木栅栏，内盛食料，鸡可以伸进脖子去啄，而狗却不能，因而得名。

各地均有一批指称器具的名词，如：

炕。北方坐、卧床具。《清稗类钞》载，东起泰岱，沿北纬37度，渐迤而南，越衡漳，抵汾晋，逾泾洛，西出陇阪，凡此以北，富贵贫贱之寝处，无不用炕。炕以土杂砖石砌起，前通灶，炊食时给炕加暖，男女老少聚其上以取暖。

大酒缸。原指北方造酒的作坊。《光绪顺天府志》说："本土造酒之家，称为'大酒缸'。"后指酒馆，现又转指喝酒海量的人，或嗜酒之人。

凼。湘方言词，指沤肥的小坑。秋收后，把垃圾、树叶、草根、粪尿沤在一个圆形的小坑里，这个小坑就叫"凼"；春耕前要把它翻一翻，叫"翻凼"。

滚地龙。旧时上海穷困人家住的窝棚，用芦席、烂铁皮、破麻袋搭起（在沂蒙山区，穷困人家用植物秸秆搭成圆锥形低矮小屋，叫"团瓢"）。

海碗。北方称大碗。其中绿豆色的一种最为常见，叫"绿豆碗"。

(3) 刘全进

在四川，一提起刘全进，就知道是说人傻。民间有个故事，说唐太宗因魏征梦斩泾河老龙王，被其索命，魂游地府，后被放回，欲觅人到地府送瓜答谢。而刘全本为均州人，家有万贯。一日其妻在门口遇一化缘和尚，拔金钗施舍，被刘全知道，大骂一顿后，自缢而死。刘全后悔不及，思念妻子，自愿以死送瓜。因此，四川人由"刘全进瓜"的故事称"傻瓜"为"刘全进"。有的地方"全"、"前"不分，读为"刘前进"。此外，又用"瓜"指傻：瓜话——傻话，瓜宝器、瓜娃子、瓜宝——傻瓜，半瓜精、瓜稀稀、瓜眉日眼、倒瓜不精——傻乎乎。

各地方言，都有一些特有的人物典故形成的特有物名词。如：

王窑儿。沂蒙山区的人把穷困潦倒者称为王窑儿，也叫"王二哥"。王窑在家排行老二，房无一间，地无一亩，妻子儿女先后弃他而去，最后冻饿死在一个废弃的瓦罐窑里。

杆子。指土寇或少心计的人。陕西、河南一带，把"一伙子"称为"一杆子"，用来指结伙的群体，拉一伙人造反或抢掠，叫"拉杆子"。山东许多地方称粗心马虎少心计的人为"二杆子"。

2."二百五"与清末捐官

各地方言词汇中，都保留了一批历史词语，由于历史的事物已经消失，逐渐为人们所遗忘，所以指称这些事物的词语大多退出了交际舞台；但其中有一部分由于方言对它意义的引申、比喻、借代等的再创造，使它们得以保留了下来。"二百五"就是一例：清朝末年，卖官鬻爵，一个同知（府州的助手）大约须捐250两银子。这种捐官的人，大多无实际才能，后来被引申为傻里傻气的人。也有的说，"二百五"另有语源，出自古代币制。旧时铜钱1 000个为一吊，500个为半吊，被喻指无知者，250即半吊的半吊，被喻指为糊涂无知者。

其他再如：

了结。源于古代结绳文字。没有文字之前，人们为了标记收获的果实，如三只豹子，十五个野果，就找一树皮麻绳，在上面打上一定数目的结。打完结，就叫"了结"；解开结，就叫"解疙瘩"。

银纸。现在粤语称钞票、钱为"银纸"。旧时把银两存在钱庄里，领得证票，叫"银票"，后把一切纸币也沿称为"银纸"，以"银"代"钱"，如收款台叫"收银台"、本钱叫"银头"。

上海滩。走进上海，谁也不会再看到"滩"的痕迹，但在叫法上，许多人仍称上海为"上海滩"，记录着上海在开埠以前"滩"的面目。

马子（码子）。上海话里，常用"马子"借指人，如瘪三马子（投机取巧者）、寿头马子、戆大码子（笨蛋）、打仗马子（干一次性生意者）、大将马子（幕后操纵者）、煤饼马子（暗娼）；在闽南，用"马"指称女阿飞，在山东，称土匪为"马子"。清代学问家梁章钜在《浪迹丛谈》中说，汉语中一些不能名状的物体常用"马"替代，如马桶、马（码）头，筹马（码）。

3. 民俗化石

方言中有很多词语，都与已经成为陈迹的民间习俗文化有很大关系，通过它们，可以追溯到民间习俗的原始。例如：

烧包。汉族旧时岁时祭祀风俗。现在有时用来表示穿戴上显示自己富有或有了钱乱挥霍等。也简作"烧"、"烧的"。

场圃。旧时一种生产习俗，《诗经》有"九月筑场圃"之句，即粟、黍、稻生长未成熟时，则在一块专用地上种蔬菜；农作物成熟之时，则空出蔬菜地，压成场，用以翻晒捶打农作物。四川农村，至今打谷场便是村、屋边的菜圃，平时种菜，七月初整平压实，以牛粪浆之，成为打谷场。山东蒙阴一带，则称打谷场为"场园"，意义同"场圃"。

作苽儿。北方话把"怀孕"戏称为"作苽"，"苽"本指果瓜谢花后果实的雏形。这一方言词，反映了我国民间的瓜文化和生育习俗。民间以为，人的怀孕生子与瓜果作苽成熟性质是相通的。有不少传说，说人是从葫芦里产出来的，如孟姜女就是锯开葫芦产出的。

拍拖。粤方言把男女手挽手走在路上谈恋爱或亲昵的样子叫"拍拖"，而把失恋、分手叫作"甩拖"、"失拖"。这是一种航船形式的转喻。原指的是用机动船和一艘无动力的船并排拖带着航行。

抬杠。北方话"争辩"叫作"抬杠"，也说成"抬""抬死杠"，原本是东北林海做工者抬木头的一种劳动习俗。木头沉重，用杠抬木头须比耐力、比技巧，又加上"杠"、"犟"原本谐音，故转喻为"争辩"。

老妈妈论。北京话把陈规陋语叫"老妈妈论"，这也是一种习俗的转指。过去上年纪的长辈妇女，经常对年轻人进行有关旧俗和伦理的说教，风俗已去，词语却因意义转指引申保留了下来。

暖窝。天冷时，用笼火或热水袋、电热毯使凉被窝变暖，北方叫"暖窝"。"暖窝"在过去却是一种生育习俗：妇女久婚不孕，便把别人家的孩子（主要是男孩）借回家来伴睡。苏州也有"暖床"习俗，婚前十余日，男新人邀友朋或亲戚之未婚男子联床，为将子宜男之兆。①

门官。北方把门栓称为"门官"，因语源已为人们所遗忘，一般写成"门关儿"。民间传说门官原叫门别棒，陈员外的小姐生病，久治不愈，庄稼汉赵成妙手回春，陈小姐以心相许。可谁知清明陈小姐踏青，被一黑脸大汉看见姿容，纠缠到家，见陈小姐闭行。门不允，便念念有词："小小门别棒，不过两拃长，叫你把门开，放我进绣房。"门果然开了，黑脸大汉威胁说，限期十日应允，否则降灾陈家。第二天，赵成便问门别棒："小小门别棒，不过两拃长，外面黑大汉，如何把他降？"门别棒说，它是荷花湾千年老龟，需用十车石灰、十名壮丁、百块新砖才可降动它。赵成以此法降走了老龟，择日成婚。陈员外保奏赵成降妖有功，皇帝封赵成五品

---

① 周振鹤：《苏州风俗》，中山大学语言历史研究所 1928 年印。

州官。后皇帝所娶美妾生病，需用清官脑子冲水喝，满朝官员，唯赵成最清廉，就下金牌急招赵成入京。赵成卜问门别棒，门别棒说："明天进京路过一口深潭，潭底有斩妖剑一把，靠胆量与智谋方可取得。"赵成得剑入宫一看，皇帝美妾正是千年老龟，遂一剑刺死，老龟现形。皇帝问清缘由，遂封别门棒为"门官"。

（六）称谓大观

1. 方言的称谓系统

方言称谓词大多为俗称，俚俗明快。按其交际功能，分面称、背称（也叫叙称、述称）两大类；按其内容，分亲属称谓和人品称谓两大类。下面以内容分类为经、功能分类为纬，以山东方言的称谓为例，谈谈方言的称谓系统。

（1）亲属称谓

亲属称谓有三个类别。第一，父系称谓，以血亲称谓为主体：

祖先——老祖、祖宗、家前

曾祖父——老太爷、老爷爷、老老爷

曾祖母——老太、老奶奶

祖父——老爷、爷爷、爷

祖母——妈妈、婆、奶奶

父亲——爹、达、爷、达达、爸

母亲——娘、娘娘、妈

伯父——大爷、大爹、大大

伯母——大妈、大娘

叔叔——大爹、二爹、爹儿、叔

婶子——娘娘、娘儿

姑母——姑

姑夫——姑父

哥哥——哥、他大爷

嫂子——嫂厮

弟弟——兄弟、兄儿、他叔

弟媳——弟妹、妹妹、老×家、兄弟媳妇子

姐姐——姐、他姑

姐夫——姐夫、哥、他姑夫

妹妹——妹妹、他姑

妹夫——妹夫、他姑夫

儿子——儿郎、儿、他哥

儿媳——媳妇子、儿媳妇儿、媳子、他嫂子

女儿——闺娘、闺女子、妮儿、闺女、×份里

女婿——姑爷、女婿子客、贵客、他姐夫、老×家

侄子——侄儿、他哥

侄媳——侄媳妇儿、他嫂子

侄女——侄娘子、侄女儿、侄妮子、他姐

侄女婿——侄妮子女婿、他姐夫

孙子——孙子、他哥哥

孙女——孙妮子、他姐姐

第二，母系称谓，即外亲：

外祖父——老爷、外老爷

外祖母——老娘、老母

舅父——舅

舅母——妗子、妗母、妗妈

姨母——姨

姨夫——姨父

第三，姻系称谓：

丈夫——小孩儿他爷、当家的、男人、汉子、掌柜的、他爸爸

妻子——小孩儿他娘、屋里、家里、媳妇儿、老婆、家属

公公——公公、爸、爷、爹、他爷爷、公公头子

婆婆——婆婆、娘、妈、他奶奶

大伯子——大伯头子、大伯哥、哥、他大伯

小叔子——小叔子、兄弟、他叔

大姑子——大姑子姐、姑姑子、姐、他姑

小姑子——小姑子、妹妹、他姑

岳父——丈人、爹、爷、爸、他老爷

岳母——丈母娘、娘、妈、他姥娘

大舅子——大舅子、哥、他大舅

小舅子——小舅子、兄弟、他小舅

大姨子——大姨子、姐、他大姨

小姨子——小姨子、妹妹、他小姨

连襟——姐夫、妹夫、两乔儿、连乔、两空、一根檀、一条绳儿、对筋股、两来拽

亲属称谓中还有两种情况需要说明一下。一是同伴、同乡、邻里、陌生人、干亲、朋友称谓，一般使用相应的亲属称谓词；二是民间还有一些合称，如：爷儿们、弟兄们、姊们、娘儿们，可面称，也可背称。

（2）人品称谓

人品称谓可分为以下六个类别。第一，性别、年龄称谓：

男性——统称为男的。男孩为儿、小儿、小厮；青少年为小青年儿、半桩子、半劳力、半大小厮、学生；成年男子为男人、大男人、男爷们儿、爷们儿、老爷们儿、壮汉、汉子、汉们、汉仗；老年男子为老头子、老汉子。

女性——统称为女的。女孩为妮儿、妮子、闺女、闺妮、姑娘、小闺妮儿、姑太太家、闺娘子、嫚儿、识字班，贬称为妮个达子；已婚妇女为娘们儿、妇女、老婆、媳妇儿、妇道人家、女流；老年妇女为老婆子、老嬷嬷子、老娘们儿、老娘娘子。

幼儿——小孩儿、孩子、孩巴、孩子芽芽儿、屎孩儿、月孩儿、半大小孩儿、耍孩儿、皮孩儿、人芽儿。

长者——尊称为有年纪的、老的，贬称为老不死的、老妖精。

复称则用词尾"们儿"表示，如：小娘们儿、小人们儿（晚辈）、小孩儿们儿（儿童）、老人们儿（长辈）；用词尾"家"则表示轻视语气，如：娘们儿家、爷们儿家、小妮子家、孩子家、大人家、老头子家。

第二，职业、身份称谓：

城里人——贬称为城滑子、街滑子。

农村人——庄稼人、庄户人、农村的；蔑称为庄户孙、庄户肘子、庄户细作、庄户巴子、庄户老土、土老帽儿、乡里瓜子、土包子、山杠子、乡熊。

富人——有钱的、财主、腰粗的。

穷人——穷汉、穷厮、饿汉。

国家工作人员—统称脱产的、吃国库粮的。

手艺人——统称匠人，如木匠、石匠、铁匠、染匠、机匠、皮匠、银匠、剃头匠、泥瓦匠；其中自学手艺者为鲁生子、稆生子、拙古匠、憨古匠；称箍桶匠为锢炉子、锔盆子锔碗的；称货郎为叫货郎子、换头发蛋的、换泥哨的、换针的；称屠户为杀猪屠子、打狗子；称伙房工人为伙伕、办饭的；称厨师为厨子、大师傅。

商人——统称做买卖的。小商贩为贩子，如青菜贩子、水果贩子、牛贩子、羊贩子；收破烂者为收纸穰的、收酒瓶子的；下乡商贩为换饼的、换豆腐的、卖粉皮的；商店人员为站门头的、卖么儿的。

保姆——看小孩儿的

长工——干活儿的、帮忙儿的。

媒人——介绍人、媒婆子、提亲的、扯皮条的。

接生员——接生婆、老娘婆。

出家人——贬称和尚为秃驴,道士为牛鼻子,尼姑为姑子。

乞丐——要饭的、打狗的、叫街的、要饭花子、叫花子、拉拉巴棍的。

犯人——打劳力的、劳力巴子。

老住户——坐地户儿、占山户;戏称炕头狸猫。

迁移户——外来户子、流民户子。

邻居——邻身百家、邻晨家。

夫妻——两口子、老婆汉子。

子女——统称孩子、小孩儿。婚后一年所生为上床子,第一个孩子为头生子,最后一个孩子为老生子、小老生儿、耪渣儿、恋腚子、小么尕儿,丈夫死后所生叫背生子、墓生子;双胞胎叫一对双、双生儿、双把儿、双棒儿。

没子女者——绝户、绝户头、孤老子、孤老棒子、老孤寡。

大龄未婚者——男子为光棍子、光棍汉子、光棍儿、光汉，戏称光杆司令；女子为老闺女、老妞子、老姑娘、老丫头、老大嫂儿。

第三，病、残疾人称谓，均为背称：

长年病患者——药篓子、病篓子、病胎子、病秧子、病包子、病痼痼儿、癫猴子、癫胎子。

傻子——傻厮、傻巴、绍巴、嘲巴、痴厮、痴狗子、呆子、呆瓜、野巴、彪子、憨巴子、憨子。

聋子——聋汉、聋厮。

瞎子——瞎汉、瞎厮。

唇腭裂者——豁嘴子、豁唇子、豁豁儿、三瓣子嘴、豁子嘴、豁鼻子、兔子嘴、豁汉、破口子、切子唇儿、切唇儿。

结巴——结巴壳子、科巴子、结巴子。

秃头者——秃厮、秃子；戏称和尚儿、秃头苦篓。

腿疾患者——瘸巴、瘸巴子、瘸脚、瘸腿、瘸子、拐子、撇腿儿、点腿儿；畸形腿为罗圈腿儿、里勾筋、镰把腿儿、歪拉骨。

驼背者——锅腰子、龟腰子、罗锅儿、罗古腰、罗锅腰子、锅锅腰儿、龟龟腰儿、背锅子、龟背、弓弓腰、马蓬腰儿、老锅子、勒勒肩、临沉肩儿、连连肩儿、瘫肩子。

左撇子——左撇徕子、左巴拉子、左来瓜、左膊拉拐、左二撇、左拉撇子。

哮喘病者——齁虾包、齁齁儿、齁巴子、鼻瘤子、鼻瘤老爷儿。

瘫痪病者——瘫趴、瘫巴、瘫巴子、瘫瘤子。

精神病患者——癫汉、疯汉、半癫子、痴子、魔道、邪子、迷人、痴巴、爷巴、癔怔子；称癫痫病者为羊羔子疯、羊狗子疯。

第四，贬义称谓：

匪盗——土匪为胡子、红胡子、马子、大马子、老缺、光棍、老攮、老砸、混子、砸杠子的；拦路抢劫者为短路的、短道；称横行霸道的人为强梁、光棍儿、无赖、癫皮、青皮、地痞、街痞子、土蛋、夯头、泥腿；称盗窃者为贼、小偷儿、小溜摸、俩夹儿、赚赚子、起手。

奸诈者——汉奸、曹操、坏包、孬种、奸雄、奸臣、坏蛆、黑头蛆；骗子为拐子。

外行——离巴、力巴、离巴头、离巴头子、掠头子。

不正经者——半吊子、半青、二把刀子、混子、流球、二流子、流氓、妖精、魔头。

油滑者——油子、滑子、油条。

低劣卑鄙者——臭渣子、屎渣子、臭狗屎、猪屎、牛屎、王八蛋、浑蛋、狗蛋、狗玩意儿、熊么儿、主贱货、下贱料、下三烂、下三儿、下四赖。

懒人——懒汉、懒奸、懒油子、懒滑子、滑子。

笨人——笨蛋、吃才、草包、脓包、熊蛋包、熊包、盛饭布袋。

莽撞者——愣头青、大炮、二愣子。

固执者——杠子头、犟筋头、犟孙、犟铁头、犟种、犟熊、犟眼子、挣子。

吝啬者——财迷、夹一头、夹嘎头、小气毛子。

过分直率者——直筒子、直驴、直葫芦头、直肠子狗。

易受欺负者——冤大头、受气包、大头菜、大头。

易被戏耍者——活宝儿、揉头、戏头、耍物、狗叠悠儿。

第五，誉称、尊称：

领导——老板、老总、头儿、正头儿香主、掌柜的、当家的、一把手。

内行——老手儿、行家、熟手子、老家局儿、老本把、老交、老在行、行范、明家。

本领出众者——大能人、能手子、巧手子、大拿、干家子、场面人、利亮人、老师儿。

有志气者——有种的。

第六，乳名、学名和绰号。乳名，山东叫奶名、小名。"穷人家的孩子，涝地里的蛙子"，过去生得多，又贫贱，取名很随便。过去民间常以贱名、恶名、平常物、排行作为乳名，如：小臭子、剩子、臭妮子、淘气、狗儿、虎儿、犸子;① 钳子、缸子、启子、棱子、篮子、勺子、枝子、碌碡儿、耩子、石头、麻妮子、裤套、木墩儿；大妮子、三子、六儿、九妮儿。也有许多讨口彩的乳名，如：安子、连子、住子、喜子、等子、运子、来子、生子、连贵子、长举子、长安子、拴住、留住、来福、来兴、来财、连兴、长砧、顺来、大嗔、停妮子、住妮子、转妮子。也有即景命名的，如：山子、梁子、洼子、长岭儿、春、冬子、十五儿、腊月儿、正月儿、年、三棰、站生。兄弟姊妹或同族间，有些乳名具有连续性，如：大妮子、二妮子、三妮子、四妮子，大钳、二钳、三钳、小钳，大吉儿、二吉儿、三吉儿，大起子、二起子、三起子、

---

① 南方也有阿鼠、阿猫、阿牛、阿羊、狗弟、狗妹、狗大、狗二、屎哥、屎妹等乳名。

起妮子，连社、连县、连省、连国，富贵、富余、富财、富寿子。现在的乳名，主要是美名，如：圆圆、明明、红红儿、豆豆儿、英子、华子、强子、荣子、玲、娟、国儿、锋儿、中华、跃进、双玲。

学名，山东叫大号儿、名字，旧时多由当地文化人、小学教师在入私塾、入学时起，严格按宗族辈分字排列。男子多配以积极、光明美好、温敦的字眼，如：×兴田、×兆新、×继有、×学仁、×洪勤、×振义、×立忠、×建信、×纪祥、×成吉、×友喜、×正茂；女子则偏重于艳名，如：花、叶、香、荣、英、艳、霞、彩。旧时起名还有忌全、盛、强、刚、满等锋芒、威锐、全满的字眼，如，只要带"全"字的人，往往是些残疾不全者。此外，有的兄弟姐妹名字可以连成一句吉祥富贵语，如：增、福、寿，梅、花、满、堂，高、起、来，兴、家、叶。

2. 称谓趣闻

(1) 山东人见面称"二哥"

山东有些地方忌称大哥、老大，有的说是因为武大郎，有的说是因为称狐狸为"皮大哥"。在当地还流传着这样一个故事。

有个山东曹州人去南方做买卖，当地一客店掌柜热情地称他为"老大"，却被打了一个耳光，理由是：秦琼二哥为天下人敬重，可他哥秦老大，却是个偷鸡摸狗的家伙；好汉武二爷，景阳冈打虎美名扬，他哥老大却戴绿帽子。

鲁东南一带，则忌称"二哥"，因为在人们的观念中，"二"含贬义，指那些次等的，差一些的，不正统的。如：二流子、二蛋（糊涂者）、二道贩子、二道毛（不务正业者）、二杆子（鲁莽者）、二鬼子（汉奸）、二河水（再嫁妇女）、二混子、二马虎、二手货（再嫁妇女）、二五眼（差劲的人）、二把刀（半瓶醋）、二不愣（傻子）、二嘲扣、二嘲子（有点傻气的人）、二道神（倒爷）、二老倌（湘语，乡巴佬）、二马虎（粗心者）、二水公公（四川，公子哥）。尊称人，则称"三哥"。

在四川，"老大"可指头，"老二"、"二娃"则多指"男阴"，同徐州话。

(2) 侉子、傀子和蛮子

关于北方人和南方人的文化差异，有不少民间的传说。其中有一个解释为什么称山东人为"侉子"、山西人为"**傀子**"、江南人为"蛮子"的故事。说，本来是说山东人"夸子"、山西人"找子"、江南人"瞒子"的，由于读音别了字，才成了"侉子"、"儴子"、"蛮子"。当年孔子周游列国，到了山西，山西人不信他这一套，赶走了他；他一气之下，到了江南，江南人也不接受他。只有孔子的家乡山东人在夸他。山西人到山东一看，山东风土人情很好，正是孔子礼教的结果，便组织人员成立了"找孔子班"，简称"找子班"，四处找孔子，从此，人们便称山西人为"找子"。江南人听说山西人找孔子，便一改前态，隐瞒了孔子的行迹，就被称为"瞒子"了。至于"侉"，是粗疏剽悍之意。山东人确实粗犷蒙放，勇武刚劲。举个例子说，东郭西郭二人相遇，相邀喝一杯。"有肉下酒吗？"西郭问。"你身上，我身上，不是肉吗？"东郭说。两勇士毫不示弱，打来酒和豆酱，你割我一刀，我割你一刀，蘸着豆酱下酒。

(3) 十三点

上海女性喜欢用"十三点"（简为"十三"）称痴头怪脑、愚昧无知的人。"十三点"是把汉字"痴"拆开而计的笔画数，隐指"痴"。"十三点"普遍流行以后，上海又出现了许多俗语影射它，如：电话听筒（老式电话听筒有十三个孔）、福煦路（今延安中路，三字均为十三划）、B拆开（英文字母 B 可拆为 13）等。

(4) 老举与丹佬

上海把社会经历丰富而道行较深的人称为"老举",如"格家伙是老举"、"格事体我老举了"。"老举",原是广东上等的妓女,上海开埠后来到上海,她们既要陪宿又要充当出堂会的龟奴龟师,即上海话的"乌举"、"老举"。

丹佬,原指女子月经和所用的卫生带,因色红而以"丹佬"隐称。后卫生带(多用红色、红黑色布制作)被"老举三"替代,又加上上海人使用红漆马桶盛秽物,便转指大便了。现在,用"丹佬"一词指人格欠佳,如失信用、行骗、畏缩不前的人。

(5) 伙计

看过魏积安小品的人,一定忘不了他那满口的"伙计"——对同事、同伴、陌生人亲昵的称呼。但在山西话中,"伙计"却专指姘妇姘夫,是他们二人间的相互称谓,相当于山东的"相好"一词。

(6) 能称代人的动物

狗。四川方言以狗命名的乳名不少,如母狗、狗屎、狗儿、狗娃。俗以为狗有九条命,鬼邪惧怕它,因此,常在孩子称呼后加"狗":来屎狗儿(爱尿床)、偷嘴狗儿、守嘴狗儿、好吃狗儿、逃学狗儿、屙尿狗儿、哭兮狗儿、碾路狗儿（喜欢跟在大人身后）、长眼狗儿（睡得很晚）、臊皮狗儿（调皮）。东北也有"狗剩"乳名。红楼梦中用"狗长尾巴尖儿"指小儿生日，传说小狗在母狗肚子里，要长全了尾巴尖才能生下来。

驴。山东方言用"驴"指称固执倔强的人或力大无比：直驴、犟驴、野驴、大叫驴、顺毛驴。

牛。牛板筋（性格执拗的人）、牛衣胞子（一无是处的人）、牤牛蛋子（小公牛，比喻莽撞的青少年）。

猫。馋猫（馋嘴女人）、癞牙猫（病恹恹的人）、两脚猫（半瓶醋）。

猪。老母猪（丑陋或肮脏的女子）、小母猪（青年女子）、笨猪、懒猪。

王八、乌龟、鳖。古人对龟十分敬重，用龟甲卜事，以龟祈寿。至元末明初，民间于玄武星座的蛇龟之形产生和流传了这样一个故事：蛇、龟同族不同种，雄蛇常乘雄龟不在之际与雌龟交尾，但又怕雄龟及其尿液。雄龟一旦发现蛇龟交尾时即暗中爬行一周，用尿液将蛇围困，然后再与之决斗。当雄蛇无法逃走时，雌龟便用身体伏在雄龟尿液上，让蛇从自己身上爬过逃窜。雄龟得不到雌龟的爱情，成了情场败将，故人们把不贞妻子的丈夫叫作乌龟。清政府曾令妓户业主一律戴绿帽子，与乌龟头颜色相似，故又称妓院男性为龟。所谓王八，本为忘八，即忘掉了"忠孝悌谊仁义廉耻"的"耻"字。现在，龟、王八、鳖在民间一般充当詈词。如：龟儿、鳖儿、鳖日的、王八蛋、王八犊子、鳖羔子、龟儿孙、鳖儿舅子、汉奸王八、王八熊、鳖王八。

（七）禁忌、委婉语

1. 禁忌什么？

各地方言对敬畏的、嫌恶的、恐惧的事物都禁忌直言，以避凶求吉，避亵求洁，避俗求雅。这是民间语言崇拜的一个典型例子。

（1）求爷爷，告奶奶

民间对崇拜的事物，如天界、冥界、神祇，往往怀有敬畏心理，常常避开这些字眼，在不得不说的时候，必须加上"爷"、"老爷"、"娘娘"、"奶奶"以示敬惧，如：天——天老爷、老天爷；太阳——老爷爷儿、老爷儿、天兰儿帝儿、太阳帝儿、爷帝儿；月亮——月亮奶奶、月姥娘、月明帝儿、月妈妈儿；土地——土地老爷、地母奶奶、藏母奶奶；观音——观音娘娘、送子娘娘；财神——财神老爷、赵公元帅；门神——门神胡爷；山神——山神老爷；阎罗——阎王爷、阎王老爷；泰山神——老母奶奶、泰山老母。《清稗类钞》曾记载了这样两件事：一件是说高宗南巡江浙，誉老妇女道左瞻仰，有称皇帝老爷者，前驱卫士上前拿下，以为是辱骂皇帝，欲治其罪。高宗也惊讶，问江督尹继善。尹奏道："江南愚民，不明大礼，往往呼天为天老爷，天神地祇，没有不称之为老爷的。"高宗听后大笑，遂放了称"皇帝老爷"的人。二是在《苏州方言》里，说苏州人称"鬼"为"徐大老爷"："俗语每言今日碰着徐大老爷，犹言今日遇鬼也。"

(2)"仙姑"、"仙家"们

民间流传着这样一些故事：行路者路遇一老头，送给一张刺猬画，让其天天供奉，三餐勿误，自然就会发家。照办之后，果然囤中粮食一夜之间冒得上尖，柜中也是满满的绫罗绸缎，渐至大财主；而画的供奉要求也越来越高，引起了主人的烦恼，遂焚之。当晚，他家又变成穷光蛋了，原来刺猬在一夜之间领来了"车货子"，搬运光了他家所有的财产。类似这种故事，《聊斋志异》等笔记小说多有记载。这些故事，使人们产生了对一些动物的崇拜和敬畏，并且形成了在家里供奉"宅仙"、安放"仙人桌"的习俗，把黄鼠狼、刺猬称为"仙家"、"老福神"、"黄大爷"、"老邻神家"、"黄仙"、"老黄家"，把狐狸称为"皮大哥""仙姑""花老太""胡大仙""胡大姑""黑嘴巴子"，要初一、十五进香，保佑全家平安、富裕。

除了对以上灵善动物的崇拜外，还有对凶恶动物如虎、狼、蛇、鳖的恐惧与厌恶。据一些史料记载，南方最怕五通、青蛙、獭，建了许多淫祠供奉。《聊斋志异·五通》所记，其为害一方，略见一斑：

> 有赵弘者，吴之典商也，妻阎氏，颇风格。一夜，有丈夫岸然自外入，按剑四顾，婢媪尽奔。阎欲出，丈夫横阻之，曰："勿相畏，我五通神四郎也。我爱汝，不为汝祸。"因抱腰如举婴儿，置床上，裙带自开，遂狎之。而伟岸甚不可堪，迷惘中呻楚欲绝。四郎亦怜惜，不尽其器。既而下床，曰："我五日当复来。"乃去。弘于门外设典肆，是夜婢奔告之。弘知其五通，不敢问。质明视之，妻惫不起，心甚羞恨，戒家人勿播。妇三四日始就平复，惧其复至……无何，四郎偕两人入，皆少年

蕴藉。有僮列肴酒，与妇共饮。妇羞缩低头，强之饮亦不饮；心惕惕然，恐更番为淫，则命合尽矣。三人相互劝酬，或呼大兄，或呼三弟。饮至中夜，上坐二客并起，曰："今日四郎以美人见招，会当邀二郎、五郎酿酒为贺。"遂辞而去。四郎挽妇入帏，妇哀免；四郎强合之，鲜血流离，昏不知人，四郎始去……积两三月，一家具不聊生。后被万生杀死，为一马二豕一鸟，从此吴中止有一通，不敢为害。

而东北则畏虎，称虎为"山神爷"，祠之以为神，并传说王诚擒七虎而共同生活在一起，努尔哈赤被虎带到一片山参地发了家，故奉它为山君。基于"说狼狼到，说鬼鬼来"的心理，其他地方，则讳称为猫、大猫、巴山子、山猫子；长沙甚至因"腐""虎"谐音而改"腐乳"为"猫乳"。民间把狼称为大口、老麻子、犸虎、张三，称蛇为长虫、长长、小龙、鳅鳅，称鳖为甲鱼、团鱼。著名演员新凤霞在她的回忆录里，则提到旧戏班对五种动物的语言禁忌，不能直呼老鼠、刺猬、蛇、黄鼠狼、狐狸的名字，它们统称为"五大仙"，老鼠是灰八爷，刺猬是白五爷，蛇是柳七爷，黄老鼠是黄大爷，狐狸是大仙爷。叫了本名，就会受到严厉的处分。在江湖上，也有忌"八大块"之说，即忌说梦、龙、虎、蛇、塔、桥、牙、兔子，应说团黄梁子、海条子、海嘴子、土条子、土堆子、悬梁子、柴、月宫嘴子。每日午前，谁要说了本名，放了"快"，听者的生意就会砸锅，听者就不能出去做生意，放快者赔偿听者的经济损失。对十人放快赔十人，对百人放快赔百人的。

（3）"小孩儿没腰"吗？

在民间，未成年人只要说"腰疼"，成年人便马上说道："小孩儿没腰，不疼。"这是民间对疾病讳深莫及的心理表现。即使真的生了病，也不能说出"病"字，讳言曰不好受、不愉括、不愉作、不好、不大好、不舒坦、生癞、有症候儿、不壮实；受了伤叫藏弄、不关节；残疾者为不得劲儿、不方便、不行、有材毁、耳背、耳沉、眼色不好。

（4）"撒了手"去"享福"

在民间哭丧时，常听到孝子贤孙们哭"你怎么舍得撒了手""你不管俺，自己去享福"之类的话，而很少听到"死"字，这是民间对"死"字禁忌的结果。把正常的死亡，叫作老了、没了、走了、享福去了、撒了手、不在了、不好了、老大了、咽了气、伸了腿、白瞪了眼、倒了头、挺了脚、合了眼；把病死叫没治过来、没收救、没法扎裹、没抬头；把自杀叫想不开、钻牛角、寻短见、寻无常、伸了头（上吊）、服了毒；夭折叫拽了、抛撤了、不填还人、冤家、丢了、跑了、坑了人。平时禁忌提到死，特别是赌誓，以为说巧了，"赶上时辰"被无常听到，真的实现了所说的结果。即使表程度的"死"，如"气死人"、"乐死人"，民间也避讳，说"杀"、"毁"：喜杀人、气杀人、憋毁了、难受毁了。因"四"与"死"谐音，带"四"的数字在南方很不受欢迎。

同时，民间还讳言与死亡有关的物事，如：忌说棺材，说板、寿木、寿器、材、器木、寿材、寿活路、寿货、方子；死者穿戴叫送老衣裳、寿衣；丧事叫白事、白公事、公事。

（5）船上姓不得"陈"

在戏剧《秋江》里，艄公间乘船的陈妙常姓什么，陈妙常说姓"陈"，艄公忙说："说不得，说不得，你应该说你姓耳东。"也就是说，船家忌说"沉"以及与"沉"谐音的字。民间还有一个传说，说一年轻媳妇抱一小孩坐船，孩子哭，她烦恼道："再哭就把你扔到海里喂鱼。"不一会，乌云遮天，风起浪涌，船颠簸将覆。船上人说是她的话招来了鱼怪，一致要求她扔小孩入海。无可奈何，她抛子入海。刹那间，风平浪静，船又继续航行了。这些传说，更加深了各行业对一些忌讳字的避讳心理。如在四川，船工称鱼为老摆，猪为老拱，刘为老顺，弓为老弯，摸为捞，翻为打掉，河为灰沟，碗为莲花，油为漫水子，钱为熟把，打水为扯水，翻了为张面，倒了为倾了，搁起为放起，烂了为皮了，煮面条为放面，洗脸为抹面子、幡布为抹布，锅盖为捂气，盛饭为添饭，筷子为檬杆①，雾为罩子，吃饭为炒粉子。另外，"龙、虎、鬼、梦、烧、洗"都不准说。安徽船家则不许搭客称自己"老板"，因其与"捞板"同音；并严禁在船上小便，小便味骚，谐音"烧"，不吉利。

　　1921年所修《合川县志》载煤矿铁厂等行业的忌讳词："炭厂忌说榨及其同音字，忌大煤炭三字。铁厂尤多忌讳，如木叫灰，石叫牛子，眼睛叫二咽噜，油叫清水，铺盖叫麻花，火房叫帽盒，小孩叫马蚁子，火叫亮子，更有精、光、倒、踏四大忌讳最为紧要。宿店同室，晨起床上立站，忌说白兔、忌说梦。"张紫晨《中国民俗与民俗学》第五章则载浙江青田采矿工人的禁忌："把吃肉叫打老，喝酒叫三点，蜡烛叫白杆，烧着吃叫烧锅，吃饭叫光锅，吃肉骨头叫找账，进洞叫

---

　　① 南方船家忌说"著"，言为"筷"；四川"筷子"与"快止"谐音，故再讳称之。

进财，回家叫扳草鞋，不洗碗筷（洗、死同音），碗不能倒扣。"

商业也十分讲究运气与吉利，忌说凶字。如关门说成打烊，耗子说成老鼠，长支（长衫，广东音）说成长进，猪舌说成猪招财。

(6) 巧媳妇巧避公公"九"

从前，有一个叫王九的，娶了一位聪明乖巧的儿媳妇。一天，王九的两个朋友张九和李九，一个提着一壶酒，一个拿着一把韭，来找王九去喝酒。偏偏王九不在家，只好请他儿媳代为转答。这可难坏了儿媳，因为不能直接称公公的大名啊！想了半天，王九回来后，儿媳终于有了，说："公公，张三三，李四五，一个提着连盅数，一个拿着马莲菜，来请公公赴宴席。"

过去，对长辈的名讳，不能直说，说了为大不敬。东北二人转中也敷演了这个故事，只不过媳妇是这样说的："门外来了张三六，后边跟着李四五，张三六拎着扁叶葱，李四五拿着两瓶六十度，只因今天重阳节，请您老去喝一三五。"

尊者长者不能言名，是封建等级制的影响。清王有光《吴下谚联》记"大细"一则，却因名人效应改"小"为

"细"：

> 子女多者，统言大男小女，毕竟贵男贱女之意多，一似大属男小属女者。自钱塘妓女苏小小名噪一时，后之称儿女者，讳大小而曰大细。

(7) 属驴的

山东民间忌讳一百岁，要说一百岁了，人们便说"属驴的"；此外，还忌"七十三"、"八十四"："七十三，八十四，阎王不叫自己去。"遇到这种情况，应说"去年九十九"或"明年七十五"。有些地方因四十五为暗九之数而忌："明九（指九、十九、二十九、三十九等）暗九（指十八、二十七、三十六、四十五等），非死即病。"在出生日子上，民间也有忌讳："正蛇二鼠三月里猴，四兔五猪六月里狗，七羊八马九月里牛，十月里老虎蹲山头，十一月里惊鸡叫，十二月老龙不抬头。"如果所生之月正好在属相所克之月，则会妨父母、妻子或岳父家，因此，出生在所克之月的人，都忌言这个月出生，否则，没人嫁他。

民间对数的禁忌，远非这些。对于纯数字，广东人喜欢 8（发）和 3（生），而讨厌 4（死）；上海人也喜 598（我就发）、168（一路发），但除 4 外，还讨厌 6（落），上证指数跌至 794

点（吃就死）、444（死死死），大家就觉得不妙；反之，777（吃吃吃）、888（发发发）则有好感。

在东北，宴请宾客，忌只上六个菜，六与"溜"谐音，暗示客人不受欢迎；在山东，则忌三个菜或四个菜，因为"神三鬼四"，这个数目是祭鬼、敬神的数目，人不能用。

(8) "扒灰"与"及地"

先说扒灰。我国民间，严格禁止乱伦，特别是公公与儿媳之间，谚曰："公公不搭媳妇肩"，"公爹给儿媳妇揩鼻涕，好心成了不良意"，"背着儿媳妇上泰山，出力不讨好"。如果公媳之间发生龌龊之事，则叫公公为"扒灰"。据《吴下谚联》考，"昔有神庙，香火特盛，锡箔镪焚炉中，灰积日多，淘出其锡，市得厚利。庙邻知之，扒取其灰，盗淘其锡以为常。扒灰，偷锡也。锡、媳同音，以为隐语。"奸媳为低贱之事，故用讳词，为人不齿。

再说及地。一个秀才去赶考，路上一阵风吹落了头巾，书僮忙拾起，说："你的头巾落地了。"秀才很不高兴，说："不是落地，是及地。"秀才的奋斗目标是中榜及第，最倒霉的是榜上无名落第，所以特别忌讳"落地"二字。宋范正敏《遁离闲览》也讲过一个故事：一位柳冕秀才，特别忌"落"

以及与它谐音的字，常称"安乐"为"安康"。一次他的仆人看榜归来，不敢说"先生落榜了"，而说"先生康榜了"。

在广东，有一个词叫"大吉利是"，是专门用在碰到倒霉不吉利的事情时说的。例如，当顾客来买"洁尔阴"时，店小姐便说"大吉利是，你买回去自己用吧。"就化不吉利为吉利了。在北方，遇到下贱之事，如男女苟合等，则吐口唾沫，并且一定要告诉别人，才免得自己倒霉。

此外，民间对于某些肢体器官，如男女生殖器官，和有关于性的、排泄的内容，如性交、月经等，特别禁忌，限于篇幅，这里不再论及。

2. 怎样避讳?

(1) "百日"成了"百禄"

《清稗类钞·风俗类》记载："儿生百日曰百禄。杭有此风，必祀神，为儿薙发，曰百禄头。禄读如罗，因百禄二字与不禄同音，不禄者，死也，故避之。且不曰百日而曰百禄者，以人死之百日曰百日也"。"百日"本是婴儿诞生一百天时，人们的庆贺礼仪，取圆满、完全、百岁、长命的象征意义，而杭州一带，却因"百禄"与"不录"方音相同，又因百日是人死后百天举行的仪式名字相重，故改"百日"为"百禄",又把"禄"读成"罗"。胡朴安《中华全国风俗志·京兆》也说:"一百日后,名曰百禄,请客与满月相同。"只不过北京因方音关系,不用读"禄"为"罗"。

这就是方言避讳的一种方式,即避开所要禁忌的读音。明人陆客《菽园杂记》说:"吴中讳离散,以梨为圆果,伞为聚笠。"就是说,民间对散、离、别、破、孤、反、叛、违、弃等表示分离破碎的字音,往往避开。如春节打碎器皿,忌说"破",而说"岁岁平安",广东人说"碗开花",山东戏说"卖了";浙江宁波新婚用品摔破,则说"开花结子"。对伞,广东称雨遮,四川称撑子、撑花。这些,都反映了中国人重视圆、全的和满心理。

在上海,探视病人禁忌带苹果,因为在当地,"苹果"音与"病故"相同;在山东中部,结婚贺礼忌送"缎子",因为与"断子"音近;结婚时新娘禁吃瓜,因与"寡"同音。在酒宴上,"干杯"之声不绝于耳,但在民间,则忌说"干""没",说"满上这一杯","我们满上了三瓶";油灯没油了,说"油满了"。

(2)把他"左边的"咬下来

《水浒传》25回写郓哥激武大郎捉奸时,说:"我笑你只会扯我，却不咬下他左边的来。"这个"左边的"，在宋元明小说里，是男阴的讳语，用的是借代的方式。原来民间流传着这样一个故事，说真武帝脚下有龟蛇二将，龟在左边，而龟头伸缩形似男阴，民间早已用它来指男阴，于是人们便用"左边的"讳言"龟"。借代，是词语避讳的一种形式，"左边的"是以位置代指的。有的以行为状态指代事体，如：大便——蹲坑儿；亲吻——啃；怀孕——身子不方便；种猪——跑猪；死—啃黄泥；生孩子——占房。有的以颜色借代本体，如：猪血——猪红；受伤——挂花；丧事——白事。有的以方式代本体，如：自杀——服毒、抹脖子；枪毙——吃生米饭、吃花生米儿。有的以形象代抽象，如：死——翘辫子。

词语避讳是避讳的主要手段，除了借代手法以外，还有以下几种手法：

虚指。用模糊词语，即用比本词语意义或范围大得多的词语指代。《晋书·王衍传》记叙了这样一个故事：宰相王衍，从不言钱，妻子用铜钱串将他团团围住，想从他嘴里掏出一个"钱"字，谁知他说："举却阿堵物！"就是"快把这玩意弄走"。用"阿堵"，即"这玩意"，巧妙地避开了他以为可耻的"钱"字。日常口语中，结合具体语境，"那个""这个"

"这玩意""那件事""方便方便""出去一下"常用来代指不便直说的词语。例如:"她可能有了。""有了",指怀孕。

反言。民间喜欢用赞美的话说厌恶的事,达到避讳的目的,又讨了口彩。如:碎——岁岁平安;破——挣了;醋——甜子;灶——欢喜;破财——去灾、买寿、买福。

(八)鲤鱼就是"财神爷"

大家都知道,民间崇拜的财神爷是赵公元帅,名朗字公明,他决定一年的财运。每逢春节,人们请来他的画像,端贴在正门上,含招财进宝、开门纳福之意。但在北方,临近新年时,听到街巷高声叫卖"财神爷来了",一看,原来是卖鲤鱼的,鲤鱼也是"财神爷",因为"鱼"与"余"谐音,买鱼就是请来了"余粮万担"的财神爷。这种在特定场合,如逢年过节、婚丧嫁娶等,临时来代替普通词语或者利用谐音字,且含有吉祥意义的词语,叫"口彩词"。创造和使用口彩词的目的是图吉利、讨彩头,表达对美好生活的祈望,也增强人们喜庆的气氛和愉悦欢快的心情。

1. 口彩的内容

各地口彩词与民间传统文化、地域文化息息相关。口彩的内容主要有以下几个方面：

吉利。闽粤用桔子谐音祈求吉利，往往在春节期间以桔待客、馈赠亲友，并说："食桔给你万事大吉。"在台湾，桔子也被当作送给女方的订婚礼物，并祝她"万事吉利"；在除夕祭祖时，往往把柏树枝粘到柿子和桔子上去作祭品，表示"百事大吉"。在山东，"吉"读音同"鸡"，于是济南卷烟厂的"大鸡"牌香烟畅销不衰，成为当地人婚礼婚宴上的专用烟。在东北产参的地区，所有工具用品摆放整齐，取"顺利"、"顺当"之意。

喜庆。结婚物事皆冠以喜字，如喜事、喜酒、喜烟、喜糖、喜果、喜联、喜歌、喜钱、喜房、喜轿；所贴画也是"喜（喜鹊）上眉（梅）梢"、"双喜临门"。

幸福。春节写春联，"福"字写得特别大，有的倒过来贴，取"福到了"。把四只蝙蝠和一"福"字组合为"五福庆寿""五福临门"。

财富。香港在开张、乔喜时往往请财神爷，或摆一缸锦鲤，以示"进利"；定价还价时以"8"为口彩。在台湾，"鸡""家"同音，所以过年吃鸡为"起家"；因把萝卜叫"菜头"，谐音"彩头"，所以家家过年吃萝卜。在山东济宁，买卖人喜欢吃生菜，因与"生财"谐音。在一些"柴""财"同音的地区，正月初二要往家里"进柴"，意取"进财"。

长寿。庆寿场合，俗冠以"寿"字，如寿面、寿礼、寿桃、寿酒。在北方，婚礼夜灯、新年夜灯叫"长命灯"，小孩要挂"长命锁"，花生则叫"长生果"。

后嗣。"枣"因与"早"谐音，被民间用作"早生贵子"；石榴因其多籽，也被植于庭院；结婚时在许多用品下垫上红筷，取意"快生"。北方婚礼上，还吃半生不熟的水饺，叫"子孙饽饽"，并回答说"生"。在金华，新娘要脚不沾地，从麻袋上步入洞房，叫"传代"、"接代"。

2. 口彩的场合

岁时节日。立春时节，北方有迎春牛、打春牛、鞭春牛的习俗，并以抢得牛头者为吉祥；又有咬春、尝春习俗，还用彩色碎布条缝春鸡钉在孩子左衣袖上，以鸡谐"吉"，或再串上几粒黄豆，取"鸡啄豆"，隐喻孩子不再生天花、麻疹。春节北方燃芝麻秸，取"芝麻开花节节高"；燃放鞭炮，取"响亮响亮，人财两旺"；煮饺子有意弄破几个，叫"挣了"；胶东一带初一早晨把蒸好的面蟠龙（叫"盛虫"）丢进粮囤、面缸里，取"剩余"之意；祭天地时上"枣山"和"钱龙"，取生意兴隆，早早发家；送给新媳妇的压岁钱要取双数，取"成双成对"；黄县一带以抽扑克定一年祸吉，"开关"以后，一年顺利。初五吃面，有"初五吃顿面，一亩打一石"之说；集体开张要吃蒜，叫"义合菜"，取"一心一意"。初七吃小豆腐，喻吃老鼠脑子；早吃饺子，叫"捏老鼠嘴"。元宵节，上灯为兆"五谷丰登"；诸城一带女主人在全家人睡后端面灯逐个照肛门："豆面灯，豆面灯，照照腚眼不招虫。"博兴一带则照枣树："嘟佬嘟佬，开花结枣。"正月十六北方普遍走百病、灸百病："爬爬城，不腰疼"、"跑一跑，不见老"。二月二青龙节，打灰囤叫"引钱龙"、"引龙填仓"；并敲打门砧门框："二月二，敲门砧，金子银子往家滚；二月二，敲门框，金子银子往家扛。"有的在灰囤外打梯子，叫"二月二，龙抬头，大囤尖，小囤流。"有的老太太敲房梁破瓢："二月二，敲房梁，蝎子蚰蜒无处藏；二月二，敲瓢碴，蝎子蚰蜒双眼瞎。"这天还盛行炒蝎豆："吃了蝎子爪，蝎子不用打。"清明寒食，到麦田踏青："清明踏了青，不患脚疼病。"端午节，北方多插艾："今日端午节，蝎子你听着，只许墙上爬，不许把人螫。"中秋节吃月饼，又叫"团圆饼"："八月十五月正圆，西瓜月饼敬老天，敬得老天心欢喜，一年四季保平安。"重阳节糕糕："九月九，家家糕，谁家糕了谁家有。"意寓"吉祥如意，百事皆高"。冬至山东吃饺子，谐音"胶耳"，怕冻掉耳朵。过小年，称灶王为"一家之主"，用糖祭祀，让其嘴甜，光说好话："灶王灶王，你上天堂，多说好，少说歹，五谷杂粮全带来。"除日贴春联，全是吉祥语：抬头见喜、五谷丰登、六畜兴旺、福寿康宁；用火盆点火"枢岁"，撒芝麻秸于庭院："东撒岁，西撒岁，儿成双，女成对，白妮胖小，都往家跑。"胶东喜吃龙须菜："吃了龙须菜，一年又顺又发财"；北方其他地区少不了栗子鸡、鱼、年糕、团子，取大吉大利，年年有余，步步登高，全家团圆；吃豆腐，吃四样素菜，吃糖块，叫"都有福""斗福""四季发财""年有甜头"；新媳妇吃红枣、栗子、花生米馅饺子，叫"早立一子，生得花花，有儿有女"。包饺子放硬币四、六、八、十个，叫"四季发财""六六大顺""四平八稳""大发财"。

人生礼仪。婚礼要撒帐，有红枣，谐早生，有栗子，谐立子、利子："一把栗子一把枣，小的跟着大的跑"或"明年生个大胖小"；桂圆谐尊贵，早生贵子；花生，取男女插花生，有儿有女；香烟，表示香火绵绵不断；海砺子，谐立子，石榴，取子多。云南撒松子、瓜子、莲子、白果子、枣子为

"五子"，叫"五子登科"。诞生人世后，三日开奶，江浙有让婴儿品尝黄连习俗："好乖乖，三朝吃得黄连苦，来日天天吃蜜糖。"又吃肉、糕、酒、糖、鱼做的汤："吃了肉，长得胖；吃了糕，长得高；吃了酒，福禄寿；吃了糖和鱼，日日有富余。"满族"洗三"则"先洗头，做王侯；后洗腰，一辈倒比一辈高；洗腚蛋，做知县；洗腚沟，做知州。"百岁则戴"长命锁""百家索"，上有"长命富贵""长命百岁"祝吉词语；聊城集百家之锁时必须有长、命、富、贵四姓人参加（谐音姓也行）。抓周则取笔为文人，取算盘必为商人。长大成人，准备结婚，其结婚用的物事皆取口彩，如诸物当"红"，被褥、新房多红色龙凤图案，红衣红裙红鞋，红喜联红毡红盖头；新娘须吃糕、半生鸡蛋、喝交杯酒，取婚后生活蒸蒸日上、早生贵子、合成连理之意；婚礼道具秤寓称心如意，十六两合南斗六星、北斗七星、福禄寿三星共十六星，取"吉星合到，大吉大利"；马鞍让新人双双跨过，取"一世得平安"；斗，放于院中香案盛五谷，红纸封口，取"粮食满仓"；铺新床时由儿女双全的"全福人"来铺，边铺边说："床上铺的是豆秸，养活儿来当秀才；床上铺的是麦穰，一代一个状元郎。"婚礼上的喜歌（包括乞丐赶喜所唱）均为口彩词语

（以河南为例）：

撒帐：一把果子撒上天，看见仙女下凡间；我问仙女哪里来？某家夫妻大团圆。（固始）一把麸，一把圆，大孩引着小孩玩；一盘核桃一盘枣，大孩引着小孩跑。（洛阳）

转席：下轿踏席儿，儿女成群儿；一轿踏牌儿（即蒲团），六儿仨官；下轿踏布袋，六儿三秀才。（孟州）

拜天地：你也好，他也好，你俩和气过到老，过年添个白胖小。（淅川）

撒新房：一撒一品当朝，二撒双眼花翎，三撒三元及弟，四撒事事如意，五撒五子登科，六撒六子团圆，七撒七子八婿，八撒八宝双全。（开封）

脱迎衣：一年一，二年俩，三年头上一普拉，床上睡不下，脚底板上搭疙瘩。（洛阳）催妆衣，高搭起，今年婆媳妇，过年送大米，两头咱都喜。（温县）

上头：一拢两拢，新女婿戴顶；拢拢鬓花，仨儿俩官；前梳梳，后梳梳，先盖瓦房，后盖楼屋；朝前结疙瘩，儿女一普拉；朝后插筷，儿女一串。（孟州）

人到晚年，做生日乞寿延年，叫"做寿"，吃"长寿面"，贺寿桃寿糕寿饽饽，做绸衣绸裤绸面鞋，以不尽蚕丝喻老人长寿绵绵。

乞子生育。一是聘娶婚礼的过程中，早生贵子、多生贵子、多子多福的鲜明主题，体现在每一件器件上，渗入到每一个仪式中，上面已有涉及，下面再把各地口彩词语简释一下。

子孙桶：江南陪嫁女儿的朱漆马桶，里面放煮熟染红的喜蛋或枣子、栗子等喜果和筷子。

五子衣：淮河流域在给女方送迎娶吉日时，随身带去的一套紫色衣服，迎娶那天，新娘必须穿这套衣服上轿，前往夫家。"紫"谐"子"，取"五男二女""五子登科"。

果子带：浙江南部将莲子、花生、桂圆、松子、梧桐子用带子串起，下端用金桔压住，分别挂在新郎新娘左右腋下，谐连生贵子、长生、贵员、送子、和同子、多金吉利。

七字果：浙江分给乡邻的喜蛋、红枣、花生、桂圆、瓜子，凑成"早生贵子状元郎"七字，故名之"七字果"。

五子汤：云南等地女子嫁前，新郎的表姊妹用枣子、松子、莲子、麦子等"五子"煨成汤，为新娘沐浴，或请新娘喝。

下子棉：江苏地方男家送吉期单时，必携籽棉花一袋，让新妇装被，为"下子棉"。

子孙盆：江南为嫁女所备嫁妆之一，用红纸包好盆，再用五色线封口，取"花"之意，表示有儿有女；待新娘生第一个孩子时，由婆婆启用，为婴儿洗澡用。

百子汤：江浙男家厨师到新房用肉汁为新娘烫马桶，为"百子汤"。

三回代：婚前收到男方聘礼，女家要回赠腰带、钞带和袜带，取"带""代"谐音，传子三代，子孙兴旺。

喜花：各地贴在新房内的若干红色剪纸。山西永济叫"喜娃娃"，剪一新娘，两手各立一鸟，以鸟象征娃娃，祝多生早生；甘肃庆阳则剪已婚妇女，两腿各爬一狗或一鸡，取多生能生。

子母藕：河北邯郸迎娶前一天，送给女方食箩，里有一根全藕，旁要生小藕，以藕谐"偶"，又寓母生子。

挑子桶：迎娶时马桶由女家仆人肩挑，走在新娘喜轿前面，叫"挑子桶"，入门说吉利话，索喜钱，名为"传子"。

鲤鱼撒子：浙江迎来新娘下轿时，男家请人以铜钱撒地，叫"鲤鱼撒子"，以鱼腹多子，且形似女阴，为生殖崇拜。

子孙钱：河北沧州新娘入洞房后，女客们放一些钱在新床的席下面，叫"子孙钱"，寓儿女满堂；而男方则要给女客们"开喜钱"。

儿女馍馍：陕西地方新人入睡后，婆婆从窗口向房中投掷的馍馍，祈早抱孙子。

子孙果：江西一带新娘由娘家带来、入洞房后分给儿童的花生、栗子、豆子、瓜子等。

送子：浙江萧山第二天请新娘庙见，饭后乐者鼓乐送一小土偶入洞房，叫"送子"。

务被：北方让一儿女齐全的全福人给新人铺被，叫"务被"，边铺边唱："这头抢，那头抢，闺女小子一大群；这头拉，那头拉，明年生个胖娃娃。

二是在众多的传统节日活动中，也有些习俗表达了各地祈子愿望。如：

送孩儿灯：兴化一带，年夜用泥制成灯，送给不生育的人家，这家人则酒食相待，感激不尽。

十子儿会：河北邯郸地方在正月初十举行的迎元宵卖烟花大会。农民有"捞子儿"习俗："正月初十出大门，小两口一块赶十子儿；赶十子儿，捞十子儿，今年一定得宝贝儿。"

送灯、添灯：邯郸一带元宵节已婚妇女给新婚妇女送灯，从灯山上摘一蜡烛或一灯盏，趁新娘子看烟花不在家时，送到她炕上，用毛巾扎成娃娃样，放在灯旁，用新被子围成圈："正月里，正月正，正月十五来送灯。灯儿亮，灯儿明，照得媳妇要早生。生个小子叫莲灯儿，生个闺女叫莲姐儿。莲灯儿爹，莲灯儿娘，我是莲灯儿他大娘。"因"灯"与"丁"音近，取"送丁"之意。闽粤以灯为丁，则在正月十五或十八送给生男孩的家里一对新灯，或送给新妇花灯，以求早日添丁。

偷瓜送子：贵州中秋节凡娶妻几年不生者，亲友必送瓜。先偷瓜，后给它穿衣、绘成人面目，装小儿妆，以竹舆鸣锣击鼓送至无子之家。其妇伴瓜睡上一夜，次日熟之而食。

摸秋：中秋夜出游，于瓜田摘瓜而归。以为能相感成孕。

得喜、有喜：怀孕。

三是婴儿降生时或降生后，举行一些仪式，口彩词也不少：

开：婴儿降生前，把产房内所有盒子或带门的器具敞开，谐开胯骨，寓生产顺利。

挑红：婴儿降生后，产房或大门上挂一块红布，上附弓箭、铜钱、大蒜、红枣、栗子、花生等物，谓之"挑红"或

"挂红子"，取报喜和避邪之意。有的地方还挂一桃枝、葱、钱等，谐逃离灾难、早年成立、聪明发财。邻居见了"挑红"，便主动拿些鸡蛋、红糖之类前来贺喜。

报喜蛋：北方有些地方婴儿出生三日，送给邻居鸡蛋，生男孩送四个，生女孩送三个，叫"报喜蛋"。

报喜：女婿向妻子的娘家报告出生的消息，一般在当天或第二天，回来带娘家"喜蛋"（红鸡蛋），路上碰到的第一个人要送喜蛋，叫"人人喜"。

衣食住行。日常生活中，人们也设置了不少口彩词语，如：

老头乐：即撸头帽子，圆筒形，卷起时为棉帽，放下后前脸与后项可全掩蔽，仅于两眼处开孔，风雪中戴之防寒。

虎头鞋：一种童鞋，彩布为鞋面，鞋头绣虎头，作虎尾，取"踢死虎"，寓长寿祛病。

乞巧饭：农历七月七，少女各出米麦，集体吃饭。其它食品，也冠以"巧"：巧果、巧饼、巧饽饽。

长汤：面条，谐长久。媒人提亲，男方到女家娶亲，女方到男家送亲，第一顿先吃面条，以求婚姻牢固长久。

争年年高：即蒸年糕，粘米粉掺煮烂的小豆、小枣和好，放笼屉内强火制成，为新年必备食品。

六六大顺：山东农村提亲、定亲、结婚、回门、送礼要送六色礼，够六个品种；较富的人家更讲究，每一种礼品中还要凑足六瓶，如酒一色必六瓶，肉一色必六斤，烟一色必六条，合"六六大顺"之意。

吉庆有余：指凡较隆重的宴席必备鱼，鱼头朝向尊贵客人，有"头三尾四脊五肚六"之说，即哪个部位朝向谁，谁得按要求喝一定数量的酒，且有"客不翻鱼"的讲究。

榆钱：在北方丧葬习俗中，"五七"祭亡日，晚辈女性送摇钱树。选一榆枝，上挂以金箔银箔叠成的元宝形，穿成串，像榆树结的籽，遂借其名。

余粮幸门：北方农村盖房子，讲究用榆木作梁，谐"余粮"，用杏木作门，谐"幸门"。

送元宝：亲人远行，临别前吃水饺，叫"送元宝"，有"出门饺子回家面"之说，祈出门发财。

大吉大利：北方黄焖栗子鸡。

富贵有余：豆腐烧鱼。

福禄寿喜：腐乳蒸扣肉。

十全十美：农村多以十个菜为隆重的宴席，最后一道菜叫"十全十美",也叫"全家福"。

如意菜:黄豆芽。因其形似一柄如意而得名。

富贵鸡:叫化鸡。取出鸡脏,填入佐料,裹以黄泥烤烧。

吃素静:新年第一顿水饺,用素馅包成,取一年素静,平安无事;同时第一天吃素,等于了一年吃素。

行业吉利词。各行各业都有一定的讨口彩的物事。如渔民,称鲸鱼为"老赵""赵公元帅""财神""老福神""老人家""赶鱼郎":"赶鱼郎,黑又光,帮助我们找渔场;赶鱼郎,四面窜,当央撒网鱼满船。"

商业更讲吉利发财,其招牌多取吉利字。民国初年,朱彭寿曾将民间店铺常用吉利字汇成七律诗一首:

> 顺裕兴隆瑞永昌,元亨万利复丰祥。泰和茂盛同乾德,谦吉公仁协鼎光。聚益中通全信义,久恒大美庆安康。新春正合生成广,润发洪源厚福长。

其唱卖声也多为口彩语,如蛋行数蛋:

> 一手来,两手去,连中三元,四季发财,五子登科,六六顺利,七巧生意,八仙过海,九十快得利……

还有其他信仰口彩词,如:

财神日——正月初五。宁波一带悬"关夫子"(关云长)

像，"请财神"、"接五路财神"。

金子——大黄鱼。宁波称金条为金子。

元宝——大蛤子，吃财神酒时的第一道菜。

元宝茶——商人敬第一个上门顾客的茶，内泡两个青果或金桔。

生意兴隆通四海，财源茂盛达三江：宁波请财神时供奉的两条活鲤鱼，用红纸粘贴其眼睛，供毕，持鱼去江河放生。

兜财神——路遇和尚或尼姑，须悄悄从其中间走过，俗以为财神常附在僧尼身上，如此做，可把财神兜来。

卖利市——卖猪头。

赚头——猪舌头（苏南）。

招财——猪舌头（南昌）。

大老寿——棺材店牌子（宁波）。

四、俗语篇：
一方水土一方人

（一）"牛皮"就该"吹"

人们把夸大事实、说大话，叫作"吹牛皮"。"吹牛皮"原是黄河上游地区自古传下来的一句方言惯用语。黄河上游西部高原江河落差大，水流湍急，木船不便行驶，为了济渡运输，当地就将牛皮或羊皮制成袋子，连接成一种特殊的水上交通工具皮筏。牛皮筏子以十数个或数十个吹足气的牛皮囊编连而成，可载重数千数万斤。而吹牛皮囊则费力不小，故当地人对那些好说大话的人便说："请你到黄河边上去吹吧！"——牛皮，本来就是吹的。

在冀鲁，吹牛皮讹为"吹牛屄"。也简称为"吹牛""吹"。当地有嘲吹牛皮者的歌谣，叫《瞎胡诌》：

瞎胡诌，诌瞎胡，拾起镰来当了锄。一榜榜了个柳楂上，桑堪子落了个黑胡胡。张起兜来拾小枣儿，拾了葡萄两嘟噜。搁了案板上成了方瓜菜，搁了锅里成了小豆腐儿。拾起碗来扒干饭，喝了两碗菜糊涂。张三吃了李四饱，王二麻子撑得害腰疼。上南园里砍竹竿，砍了根竹竿半尺长，燕子窝里戳凤凰。蚊子下了个天鹅蛋，苍蝇浆了个驴氏牛。听着庄里人咬狗，拾起狗来打砖头，又叫砖头咬了狗三口。

又作"吹大气""吹大炮"或"吹大泡"。

北京话里，叫"侃""侃山""侃大山"。"侃"，实则是"侃侃而谈"的"侃"，"大山"为"大事儿"的儿化讹音，本为"侃大事儿"。相声，作为北京特产，其"侃"也有一定的代表性。如传统名段《满汉全席》开头的抬举对方："您是高山上点灯——名（明）头儿大；大海里栽花——根基深；隔着门缝吹喇叭——名（鸣）声在外；隔年的兔儿爷——老陈人儿；王母娘娘骂寿星——老宝贝儿啦；大海里漂来的木拉鱼儿——闯荡江湖的老梆子。"侃得凶的还有《倭瓜镖》，吹自己练过所有的功，习过所有的拳；会"火车贯顶"，迎头撞火车；会"八步打灯"，气功运在手掌上，冲灯一掌，灯火就灭了；还会"登萍渡水"，"走鼓沾棉"。但真正保起镖来，遇上强人，便叫"贼大爷"，一交锋就拱手缴了枪。

上海则叫"吹牛三"，因"三"、"讪"音同，又作"吹牛讪"。薛理勇以为，上海的"吹牛皮"就是聊天，"皮"读pí，而说大话的"吹牛皮"另有出处，因为"皮"读bī，屠夫在牛蹄处割一小孔向牛体内送气，外行以为是从牛的阴部向牛体送气，牛阴上海读bī，也就是"吹牛屄"。而吹牛三是"轧（gá）三胡"的变化形式；三胡即二胡，增之一弦则不入调，隐指胡吹乱拉。上海话中漫无边际的瞎聊又叫"轧仙胡"，故又演变为"吹牛讪"。[1] 上海人又把口气很大而无具体行动者讽为"抛浪头"，有"浪头大，浪花小"之谚。

四川叫"冲壳子"或"冲天壳子"。并且有多首"十八扯"或《扯谎歌》讽刺吹牛皮者：

> 三十晚上大月亮，贼娃子翻墙偷尿缸。聋子听倒门在响，瞎子盯倒在翻墙。哑子喊声抓倒起，吓得贼娃子心发慌。跳跳连忙撵一趟，爪手儿赶紧拿棒棒。一把抓倒他头发，一看是个光头和尚。

> 甲子乙丑海中金，扯谎拉白你来听：五黄六月下大

---

① 见《上海俗语切口》，上海人民出版社，1992年版，131页。

雪，十冬腊月炸雷声。做根链子黄桶粗，打把钉锤儿几
千斤。链子拴倒张果老，钉锤儿打倒吕洞宾，天堂地狱
都打了，吓得玉皇老倌儿颤兢兢。

说唱歌，就唱歌，我来唱个扯谎歌。先生我，后生
哥，生了爸爸生婆婆。嫁了妈，生外婆，嫁外婆，爹打
锣，我和哥哥抬抬盒，抬到舅爷门前过，外婆还在坐箩
窝，舅父还在摇外婆。

锣梭梭，鼓梭梭，听我唱个白嘴歌。早晨看见牛生
蛋，下午看见马啣窝。生了三只六个蛋，出了二十四个
鬼东哥（鸮）。两个和尚在打架，头发扯乱像鸡窝；两个
哑巴在吵嘴，闹得瞌睡睡不着。快来看，快来看，两个
石头赌爬坡。

河北有一首《数大嘴儿》，与以上几首极为相近：

姓张的、李老头儿，一亩地没有，种二十四亩大北
瓜。大年五更里，两个光（裸体）小伙儿（儿童），偷了
三裤腰子瓜，瞎子看见了，聋子也听了，拐子也撵哩，
哑子也喊哩。

广东人把讲大话叫作"大只讲"。"没问题啦""包在我身
上啦""毛毛雨啦"都是其具体表现。

除以上两个语源外，说大话在方言中还有另外两个系统：一个是由吹奏乐器引申而来的，如吹手、吹鼓、吹擂、胡吹、大吹、老吹；另一个由天空海阔无着无落的意思引申出来的，如吹天冒泡、吹大炮、吹大泡、吹大气、吹破天。

像"吹牛皮"这样的具有整体比喻意义的定型的词组，我们叫它"惯用语"，它都有一定的典故和来源，并且已经转化为一种更为深刻的抽象的含义了，我们不能从字面意义上去了解它，而必须从整体意义上来理解它。有许多惯用语来自方言，而后逐步为其他地方的人所接受，进入了普通话，成为全民性的惯用语。"吹牛皮"就是一例。下面我们再选几例。

1. 门槛精

门槛，指的是门框下面挨地的横木，是普通话词汇，合肥叫"门见子"，南昌叫"地门"，梅县叫"门断"，厦门叫"户𣍐"；潮州叫"门第"。鲁迅小说《祝福》里，曾记载了南方捐门槛的习俗：像祥林嫂那样，嫁谁谁死，破解的办法，就是到庙里捐个门槛，让千人踏，万人踩，就会去掉身上的邪气，换来好运。正因为门槛见识得人多，所以，上海人把那些见多识广、专找窍门占便宜免于吃亏的人，称之为"门槛精""老门槛"。

说起上海的"门槛精",还有两个典故。一是把潮州人称为"潮州门槛",因为以前上海的鸦片主要由广东人潮州人操纵,潮州人在经商精明上首屈一指,令上海人佩服;二是在封建社会里,门的大小规格要受到等级制度的约束,门槛高低象征着这家人家的社会地位,但门槛太高不便进出,故大户人家都备有几套高矮不等的门槛,平时用高门槛,迎高贵客人用矮门槛,使用哪一种门槛也是一种学问,一个窍门,故"门槛"也成了"窍门""门窍"的代词了。

2. 头啖汤

"头啖汤"在广东话中指的是"第一口汤""第一道汤"。汤是粤菜的最大特点,一大砂锅,应四时特点,适各人需要,放入补血补气、养身健脑的各类不同补药,成为品种丰富、味道独特的广东汤,而酸甜苦辣,先品为快。

广东人对"头啖汤"的钟爱,形成了"敢尝第一口,敢为天下先"的文化特征,使得广东成了中国改革开放的"排头兵"。他们"如果事情没有明文禁止,就可以干;如果事情是允许的,就充分利用","先斩后奏,边斩边奏,斩而不奏"。这与传统的"枪打出头鸟""出头的椽子先烂"观念形成了强烈对比，非常适应经济发展日新月异的时代要求。

广东人也用"头啖汤"喻指处女，对处女的嗜好也见一斑，这是封建传统文化的余孽。旧时新婚，新娘如果是纯洁清白的女子，即处女，就于第二天天未亮时，派人往女家报喜，送上"闺门有训，淑女可钦"的喜帖；如果不是处女，那就只得"任人打任人骑"了。在广东，成婚之夕，喜娘为新郎脱靴时，就给他一白巾，以便交合后拭秽物用。如有新红，即证明是处女，就可以吃订婚时许诺的回门烧猪，三朝回门，以烧猪送母家。富贵之家，有时备烧猪几十头。嫁女人家等到烧猪至，则重犒来使，以烧猪分馈戚友，赠"麻蛋"（即红馒头）若干，以宣扬自己女儿不辱门户。但男家贪慕女家富贵而结婚的，则不管如何，必送烧猪。《清稗类钞·婚姻类·粤中婚嫁》还记载：

> 新妇入门，直入洞房，新郎即与新妇登床而寝，室门亦砰然而阖，新郎之父母宗族戚属皆静待于房外。少焉，室门辟，新郎手捧朱盘，盘置喜娘所授之白巾，盖以红帕，曰"喜帕者"是也。在门外者见新郎手持喜帕而出，则父母戚属皆大喜，贺客至是始向新郎道喜；其未见喜帕之先，例不道喜，盖恐新妇不贞，则不以为喜

转以为辱也。

对新娘的处女验证，可谓急不可待，登峰造极。

旧时嫖妓，也是如此，若是雏妓，即清倌人，则必备梳弄费，设点大蜡烛宴，然后才"破瓜""开苞"，第二天再摆"挂红"酒。故对处女称之为原生货、原装货、生荒、桌面儿、清水倌，把非处女称为破货、破罐子、过水面、二水、二道菜、二河水、浑倌、浑水。上海戏称与非处女结婚者为"废品收购站"。

在经济建设上敢尝"头啖汤"与在对待女性上嗜好"头啖汤"，是广东人不谐和的一个音符。

3. 吃豆腐

"吃豆腐"是旧时丧俗，指乡邻到丧家去吃饭。旧时农村，谁家死了人，就做一锅豆腐，叫"拉棺豆腐"，以招待帮助葬丧的乡邻。有些馋嘴人混在其中，名义上是帮助葬丧，实则是为白吃豆腐而来。

在上海，"吃豆腐"转喻调戏妇女。陶寒翠《民国艳史演义》84回，就描写了阿虎在上海低等戏院里，吃名妓于曼艳豆腐的过程：

> 魏阿虎坐下以后，只闻得于曼艳身上一股香水气息，

一阵一阵的透进鼻管来，然后偏着身子，先看看自己身边的一条玉臂，又白又圆，莹洁异常，皮肤的几根青筋，也似小葱般的历历分明，又偷眼一瞥她腋下，也是鲜净无毫。魏阿虎把鼻子缩紧了，连嗅了几嗅，再看于曼艳的颈项，不长不短，不粗不细，最适宜于伸手一勾；再抬眼看那半面芳颜，鼻子雪白，耳轮纤洁，轮壳上垂着一串红红绿绿的什么东西，在灯光下一晃一晃的，非常有趣；那半片芳颊，也似水晶般的明净，皮内的肉色，以及几根纤细纤细的红筋，看去也一些不模糊。魏阿虎不禁咽了一咽涎沫，想到夜阑人静时，枕边吻颊的销魂风味，于是他又放下他的眼光去鉴赏于曼艳腰下的一部分。腰自然很细，两条脚膀，隐约瞧见，似乎也极圆润，再往下看，瞧不分明，仿佛穿的鞋子是绿色的。他决意运用自己的手术捞她一下。他先自假做挪动身子，把自己的手胳膊，故意去挨着于曼艳的玉腕，见她假做听摊簧，并不缩过身子去，认为对自己大有意思，他就再装作挪动自己的身子，不知不觉中，把自己的一个大脚去触拨于曼艳的纤脚。魏阿虎见自己用脚去钩她，她并不掉转头来对自己瞪白眼，于是再放大胆子，用一个指头在于曼艳的玉腕上轻抹了一抹。见她一怒不怒，他便越发放大了胆，把自己一只手，搭在椅沿上，慢慢儿地向于曼艳股间滑将下去，那几个手指尖渐渐搭着于曼艳的身上了。于曼艳却还不曾觉得，魏阿虎就运用他的指爪，在于曼艳的股间逐渐蠢动起来。

对于这种调戏行为，上海人还叫作"揩油"，"揩油"一词源于上海妓院。上海高级妓院初叫书寓，标榜"卖艺不卖身"，但一般嫖客都想获得更高的享受，谈情弄骚时未免动手动脚，沾些便宜，妓女们称这种行为叫"揩油"。鲁迅先生则说，上海的女性衣着坦露又性感，入时的打扮自然为吸引男性之青睐，男性为满足自己性的亢奋，设法挤近女性身旁，或作出挑逗行为，或触摸、按捏女子身上的某部位，男子满足了潜意识的性冲动，同样女子身上分文不损，"揩油"于人无损于己有利。就如装满油的柏油桶，时间长了难免会渗油，而你恰需要一张油纸引火，只要把纸放到油桶上，不一会儿一张油纸到手了，而不论以肉眼还是以秤，油桶内的油丝毫不会减少。

在熟悉的男女之间，揩油现象是一种愉悦，如男女工人之间，互相打逗，农民劳作之时，也以情歌相互渲染，连阿Q

都知道去揩小尼姑的油，在小尼姑脸上捏了一下，回到土谷祠，触到小尼姑脸的手指便油腻腻、滑些些，唤起了他的性意识。

民间在最隆重的婚礼中，也容忍了对新娘或陪嫁伴娘的"揩油行为"——"闹房"，南方直接叫"戏新娘""弄新妇""戏妇"，节目有喝和合茶、打传堂卦、唱歌、诵诗、点烟、谈恋爱经过、咬糖、啃苹果、舔筷子。在山西山庄，名曰"摘仙桃"、"闹明房"，即让新郎当众吮吸新娘的奶头，或新婚夫妇扒光衣服，当众睡觉。湖北农村，则"撞署头"，把新郎新娘包围起来，越挤越紧，你推我撞。浙江永嘉乡下则"调伴姑"，专往伴姑关键部位上捏摸，叫"头夜调伴姑，二夜戏新妇"。其他也大多淫词戏语，信口而出。王文彬《关于完婚的几首歌谣》记载了几种戏妇恶习：挂带——新娘将镯子挑在脚尖，挂在新郎耳轮上；流西瓜皮——新郎用舌头在新娘面上舔；拥葱——男女双腿交叉在一起，好像交合的样子；染胭脂——叫新娘将棉花放在生殖器内染红。①

港粤把这种揩油的男子称为"咸湿佬"、"咸猪手"，把这

---

① 见《歌谣》周刊，81 号 3 版。

种性骚扰叫"擒青"（条件不成熟却早早下手）；又把只动眼不动口、手叫作"吃冰淇淋"，爽目爽心。

吃豆腐的男性们，大都会得到女性的两句臭骂："臭流氓""不要脸"。

4. 耍癫皮

北方人把卑鄙无耻叫作"耍癫皮"，把这种行为的人贬为"癫皮狗"，说他们是"癫头皮"。以"癫"贬人，源于"癫"是旧时一种恶疮、顽癣之名，又称"麻风"，长癫者体痒难捱，抓搔隐疹，遂感染成癫，毛秃皮厚，皮肉丧失知觉。

癫又是一种常见病，传染病，由于医疗条件和水平，旧时"十个人里一个癫"，而癫人则为其他人所疑忌，所讨厌，各地均有一些嘲弄他们的儿歌和笑话。

如今癫病已经根绝，但"癫皮狗""耍癫皮"却传流了下来。

5. 不歇锣

北方话把无休无止说成"不歇锣"，如："这几天一连加班，不歇锣了。""要了我三次东西了，还要，一个劲儿地不歇锣。""不歇锣"是来自戏剧舞台上的惯用语。锣一敲，人便在台上走"急急风"步，锣不停，步不歇。在江湖卖艺场合，主人锣一响，猴子便翻筋斗，锣不歇，筋斗不住。也说成"不歇台"。

戏剧舞台上的许多专用语被人们用作惯用语，来说明日常生活中的一些现象。如：

耍花枪——比喻玩弄狡猾的手段，也说成"耍花头""耍花招"。

耍把戏——原指江湖艺人表演杂技、魔术、马戏等技艺，比喻玩弄蒙骗人的手段，也叫"变戏法""玩把戏"。

耍花腔——比喻花言巧语骗人。

跑龙套——原指在戏曲中扮演随从或兵卒的角色，比喻做不负责任的杂事、小事。

走过场——原指角色上场后，不多停留，便穿过舞台从另一侧下场，比喻敷衍场面，做给人看，表明有这么回事。

臭了台——指演员演砸了，比喻为人低劣，威信低下，也说成"倒了台"、"砸了台"、"坍了台"。

压不住台——比喻压不住阵脚。

打混台——原指舞台上的混打场面，比喻趁机捣乱。

凑班子——临时搭起的一个戏班，比喻临时组织的一个集体。

一板一眼——比喻认认真真。

叫板儿——比喻发出声明，表明立场。

叫响儿——指喝彩，比喻出了名。

开黄腔——念错了白，比喻乱说一气。

唱黑脸——比喻充当硬、凶的社会角色。

唱红脸——比喻充当软、善的社会角色。

拆台——比喻破坏、捣乱。

开锣戏——指正戏前加演的短戏，比喻事情的开端。

唱双簧——比喻相互配合，狼狈为奸。

6. 扛顺风旗

山东民间流传着这样一个故事：有个人说话好顺着别人的意思，以此来讨好。一天赶集，路上碰到一个老头，就上前主动搭话："大爷！咱俩一块走啊？""好吧。""大爷，我看你老人家福气刚着大咧。""咳，也就这么回事吧。""不，你那脸上都带出来了。你几个儿啊？""三个儿。""怎么样？好命的。人多，财多！""可不，死了俩咧。""死了死了吧，好儿不用多，一个顶十个。""剩下一个也不大正干呢。""不正干也比绝户强。""早逮起来了。""逮起来好呵，省得你教育，他要改好了……""赶明天就枪毙！""早该除了这一害，省得你挂牵着。"

山东把这号说顺话的人,叫"扛顺风旗",说得难听一点,叫"舔腚眼子"。有的方言叫"溜须""拍马屁"。

"拍马屁"源于蒙古牧民习俗。茫茫草原,养马、牧马为那里人民的主要生计,人们以骏马膘肥体壮为荣耀,因此,双方见面,习惯在对方马屁股上拍一下,说上几句赞赏的话,寒暄客套。但有些人百般讨好,以得权势人的欢心,不论优劣,一律拍马屁股称赞一番,令人讨厌,遂以"拍马屁"比喻阿谀奉迎的行为。民间还有这样一个笑话,说三个女婿争着作诗夸丈人的骏马奔跑之快。大女婿说:"水面搁金针,丈人跑马到山阴,骑去又骑来,金针还未沉。"二女婿说:"火上放鹅毛,丈人骑马到余姚,骑去又骑来,鹅毛还未焦。"三女婿是个呆子,急得直拍马屁股,拍得马直痒,放了一个响屁,呆子灵感来了:"马儿放个屁,丈人骑马到会稽,骑去又骑来,粪门还未闭。"

"溜须"与正史记载有关。《宋史》说大臣丁渭,飞黄腾达,常百般献媚宰相寇准。一次共餐,寇准胡须上沾了一些饭菜,丁渭忙上前为之溜须拂拭,寇准不禁笑道:"参政国之大臣,乃为官长拂须邪?"

"舔腚眼子""舔屁股"则是说狗的一种行为。狗嗜屎，幼儿边拉，狗便伏身胯下边吃，未尽意时卷起舌头上舔幼儿粪门。故以此嘲骂拍马溜须者。

北方话还有"溜""溜沟子""溜尻子"之语，也是吹捧、奉承、讨人欢喜的，未见其语源介绍，大概与顺话有关。山区小风多顺山沟而上刮。溜，小风顺沟而吹的样子，有"凉风顺沟来"之说，用顺沟小风或溜沟走比喻说顺话，同样使人惬意。而方言中，屁股也叫作"沟子"，故又讹为屁股；又因有些方言把屁股叫作"尻子"，又出现了"溜尻子"。

枣庄一带则称之为"吸碟子"，也是狗的行为，舔食剩菜剩饭。

还有一个叫"捧臭脚"，语源有二：一是王劭给隋文帝圆梦之事。隋文帝梦爬山，崔彭捧其脚，李盛挽其膊，才到山顶。王劭圆之，说，山为圣上寿数，彭为彭祖活 800 岁，李为李耳活千年。二人扶持，圣上可长治久安。二是源于戏剧界，老板、票友对一些蹩脚演员也要捧，叫"捧臭角"，传为"捧臭脚"。

民间对这种行为非常讨厌，常以口头文学的形式讽嘲之。《笑林广记》载《圆谎》，流传甚广：

有人惯会说谎，其仆每代为圆之。一日，对人说："我家一井，昨被大风吹往隔壁邻家去了。"众以为从古所无，仆圆之曰："确有某事。我家的井，贴近邻家篱笆，昨晚风大，把篱笆吹过井这边来，却像井吹在邻家去了。"一日，又对人说："有人射下二雁，头上顶碗粉汤。"众又惊诧之，仆圆曰："此事亦有。我主人在天井内吃粉汤，忽有一雁堕下，雁头正跌碗内，岂不是雁头顶着粉汤。"一日，又对人说："寒家有顶天帐，把天遮得严严的，一些空隙也没有。"仆乃攒眉曰："主人脱煞扯这漫天谎，叫我如何遮掩得来。"

赵树理《李有才板话》里，紧随村长转的张得贵，也是这类人物。李有才编话嘲讽：

张得贵，真好汉，跟着恒元舌头转：恒元说个长，得贵说不短；恒元说个方，得贵说不圆；恒元说砂锅能捣蒜，得贵就说打不烂；恒元说公鸡能下蛋，得贵就说亲眼见。要干啥，就能干，只要恒元嘴动弹！

（二）老虎头上去搔痒

人们把冒着极大的危险去从事的活动叫"搔老虎头""拔

老虎牙""摸老虎屁股",说"老虎头上搔痒""虎头上捉虱子"
"老虎头上扑苍蝇""老虎头上抓毛儿""老虎头上来揉痒"
"老虎嘴里来拔牙"。像这些简练固定的语句,凝结着我国劳
动人民长期生产劳动和社会生活的经验,具有一定的思想、
哲理,并且口语性、地方性比较强,我们称之为"谚语"。

谚语内容丰富,包罗万象,几乎涉及自然、社会、人生
等社会文明的各个领域。它凝练、精辟、精巧、准确,相当
全面地反映了我国世代劳动人民的生活、生产斗争知识以及
他们的世界观和处世哲学。下面我们从谚语的语源、谚语的
区域性、谚语的生动手法等几个方面进行分析。

1. 谚语的语源

明朝冯梦龙的《古今笑·谈资部·俗语对》以民间谚语
为主要素材,巧为联对,涉及许多习俗惯制事象:

> 一布政守官尽职,不求汲引,执政失于迁擢。入觐
> 将回,乡人为侍郎者饯之,因邀同部会饮。中一人见止
> 布政一客,戏出对曰:"客少主人多。"众未及应,布政
> 遽曰:"某有一对,诸大人幸勿见罪。"乃对曰"天高皇
> 帝远"。众愕然。

> 他如:狗毛雨,鸡脚冰;口串钱,脚写字;掘壁洞,

开天窗；立地变，报天知；将见将，人吃人；护儿狗，抛娘鸡；伸后脚，讨饶头；贼摸笑，鬼见愁；半缆脚，直护头；奶婆种，长工坯；下镶涨，上场浑；眼里火，耳边风；赶茶娘，偷饭鬼；将脚屋，泻肚街；王姑李，郁婆奎；长脚狗，矮忒猪；开路神，压壁鬼；硬头皮，老脚底；拔短梯，使暗箭；一脚箭，两面刀；坐坛遣将，排门起夫；剜肉做疮，忍屎凑饱；酒肉兄弟，柴米夫妻；三灯火旺，六缸水浑；两手脱空，四柱着实；将酒劝人，赔钱养汉；灰勃六秃，泥半千秋；大话小结果，东事西出头；猫口里挖食，虎头上做窠；钟馗捉小鬼，童子拜观音；口甜心里苦，眼饱肚中饥；吹鼓打喇叭，吃灯看圆子；捏鼻头做梦，挖耳朵当招；板板六十四，掷掷么二三；好心不得好报，痴人自有痴福；看孤山守白浪，吃家饭屙野屎；东手接来西手去，大船撑在小船边；强将手下无弱兵，死人身边有活鬼；缺嘴口里咬跳虱，癞痢头上拍苍蝇；好汉吃拳不叫痛，败子回头便作家；茶弗来，酒不来，哪得山歌唱出来，爷在里，娘在里，搓条麻绳缚在里。俱称绝对。

(1)"吃灯看圆子"——来自岁时习俗的谚语

"吃灯看圆子"应为"吃圆子看灯",用的是元宵节岁时习俗,故意颠倒而说,喻讽胡言乱语、颠倒黑白者。各地常见的岁时习俗谚语举例如下:

财东人过年,穷汉人作难。好过的年,难过的春。馋老婆盼过年,过了大年盼小年。春困夏乏秋打盹。春暖秋冻,到老不生病(春天衣着要暖,秋天衣着要寒,利于人们适应季节变化)。冬吃萝卜夏吃姜,不劳医生开药方。躲了初一,躲不了十五。狗没年,猪没寒。狗不咬拜年的,人不打送礼的。过去甲子年,就是活神仙(对六十年一轮回的恐怖)。过了正月半,大家寻事干。花等九,年年有;九等花,年年差(在清明节前开花,叫花等九;之后开花,叫九等花)。腊月的伙计赛霸王,正月的掌柜赛阎王(腊月找工的少;年后打工的多)。腊八不吃娘家米;吃了娘家米,一辈子还不起(山东腊八风俗)。大旱三年,忘不了五月十三(五月十三传说是关老爷磨刀日,必下雨)。六腊月不吃牛羊肉。六月里个日头,晚娘个拳头;六月日头有阴遮,晚娘拳头没法躲。年下银子六月雪(过春节花钱特别多)。年不乱拜,揖不乱作。年初一吃块肉，年纪活到九十六。年三十夜敲锣鼓，哪晓得穷爷苦不苦。年怕中秋月怕半，男怕失子女怕离（时不我待）。年除进门，百无忌讳（旧时穷人在除日婚嫁，不用按老例讲究）。七月十五钢嘴，八月十五肿嘴，九月十五挺腿（指蚊子）。七不出门，八不还家（外出风俗）。打了春的萝卜立了秋的瓜，死了老婆的丈人家（说失去了原味）。冷在三九，热在中伏。热闹冬至冷淡年。冬至馄饨夏至面。三十夜的火，十五夜的灯。三十夜打爷，初一日拜爷。杀猪过端午，冒米过重阳。神仙难过二三月（穷困难熬）。土地老爷也该有个二月二。五马六羊，七月狗肉不能尝。夏至难逢端阳日，阿姨勿上姊夫门。夏不睡石，冬不困板。乡里抢八月，街上抢腊月（八月忙秋，农村最忙；十月忙年，城里人置办年货）。阳春有脚（说春天时光匆匆）。七不走，八不挪，九走死婆婆，拐弯死老天（临清一带正月十五前一般不串亲）。七月十五鬼节，八月十五人节。打千骂万，清明一饭（鲁中清明饭牛习俗）。

(2)"大船撑在小船边"——生产贸易谚语

一年两头春，豆子贵似金（豆子歉收）。一日黄沙三日雨，三日黄沙九日晴（云南）。雾露天，晒煞獾（北方）。一场秋雨一场寒，三场秋雨不穿单（北京）。一场冬雪一场财，一场春雪一场灾（浙江）。一落一个泡，还有大雨到。一弄风，二弄雨，三弄日头曝石鼓（广东。"弄"，指日落后碧澄的天空突然出现的一条青云）。二月要防胶，四月要防刀（青海。"胶"，指春雪，"刀"，指夏霜）。二月二，湿了仓，光打粮食不打糠（下雨好）。二寸过三刀，没料也上膘；草长不过寸，吃上很有劲（指喂牲口）。十月打雷，遍地有贼（言歉收）。入伏不点豆，点豆打不够。九月十二落，皮匠老人戴金镯；九月十二晴，皮匠老人要嫁人（浙江。"老人"，指老婆）。人哄地皮，地哄肚皮。大鱼鳞天不过三（四川。三天后有雨）。干牛粪，白狗屎，肥分尽。上要一张皮，下要四只蹄；前要胸膛腹，后要屁股齐（黑龙江。选牛的标准）。尺麦难经寸雨。天旱独怕麻花雨（"麻花雨"，即毛毛细雨）。月光生毛，大雨推濠（福建）。头交挖，二交蹋，三交混混水，四交赶走鸭（安徽。耘田一遍深，二遍浅，三遍轻，四遍快）。养猪不攒粪，等于瞎胡混。马无夜草不肥，人无外财不富。蚕老一时，麦熟一晌。做天难做四月天，蚕要温和麦要寒，采桑娘子要晴天，种田哥哥要雨天（苏北）。猫三月，狗半年，猪五羊六马一年（指孕育期）。枣儿搔鼻子，种谷种糜子（陕西）。蚂蚁搬家蛇溜道，老牛大叫雨来到。前不栽桑，后不插柳，院里不要呱达手儿（庭院植树风俗。"呱达手儿"，即杨树）。大枝亮堂堂，小枝闹嚷嚷（剪枝要求）。八月十三，瓦屋楼子上山（胶东。"瓦屋楼子"，指海螺）。浆里来，水里去（做粉丝技术）。木匠怕砍楔，铁匠怕打钉。木匠住的倒倒房，大夫守的病婆娘，裁缝穿的破衣裳，种地的喝的是稀米汤。买卖不成仁义在。买坛子，看釉子，接婆娘，看舅子（要细心）。卖席的睡土炕，卖油的只闻香。卖鞋的老婆赤脚走，卖帽子的光着头。卖菜的女人吃黄叶，卖油的女人水梳头。卖盐的老婆喝淡汤。卖菜的不洒水，买菜的不喜欢。三日卖不得一担真，一日卖了三担假。卖瓜的不说瓜苦，卖酒的不说酒薄。开馆子不怕大肚汉。没有金刚钻，不揽瓷器活儿。赶上门的买卖好做。

(3)"吃家饭屙野屎"——关于人品的谚语

一头放火，一头放水（指又杀人，又救人）。一镢头攫了个银娃娃，还要寻他老母（贪得无厌。类似的谚语还有"人心无足蛇吞象""吃着碗里，看着锅里"）。人是苦虫，不打不成。念了经打和尚（反目为仇，恩将仇报。类似的谚语还有"推下磨来杀驴吃""过河拆桥""新人上了门，忘了旧媒人"）。牵着不走打着走（给脸不要）。管头不顾腚。打一巴掌，给一个甜枣。刀子嘴，豆腐心。吃人不吐骨（形容狠毒。类似的谚语还有"吃生人头不怕血腥气""掏心给他吃他还嫌腥"）。恶人自有恶人磨（一物降一物。类似的谚语还有"好汉怕癫汉，癫汉怕愣汉，愣的怕不要命的""恶马恶人骑""光棍怕眼子，眼子怕难缠""光脚的不怕穿鞋的""鬼怕恶人蛇怕棒""好汉难治没奈货"）。得不得风就是雨（得寸进尺。类似的谚语还有"踩着鼻子上脸""踏板上困困到床上"）。说你胖，你就喘起来了（心中没数。类似的谚语还有"得了些颜色，就开起染房来了"）。人要脸，树要皮（类似的谚语还有"不蒸馒头争口气""人有志气铁有钢""人怕见面，树怕剥皮""人是一口气，树是一层皮""人无廉耻，不如早死""人穷命穷气不穷"）。漏了方瓜漏不了芝麻。生就的骨头长就的肉。鸡蛋里挑骨头。吹了浮土找裂璺。

(4)"眼饱肚中饥"——来自日常生活的谚语

一个碗内两张匙，不是烫着就是抹着（长久相处，必有摩擦。类似的谚语还有"哪有勺子碰不到锅的""筷子不能捆不着碗"）。瓦罐不离井上破（类似的谚语还有"常在河边走，哪能不湿鞋""放雁的叫雁啄了眼"）。舌头板子压煞人。没有不透风的墙。盆儿罐儿都有耳朵。当家三年狗也嫌。吃人家碗半，被人家使唤。得罪了烧火的，捞不着热粘粥。现喂的鸡不下蛋。噙着骨头露着肉（说话遮遮掩掩）。揣着明白的说糊涂的。嘴上挂着香油壶（说话甜）。白豆腐也能说出血来。碰头找不着麦穰垛，跳井找不着蚂蚁窝。娶了女婿卖了儿，把红萝卜记了蜡烛帐上。河里单淹会水的。会打扮，打扮十七八；不会打扮，打扮泥娃娃。会做媳妇两头瞒，不会做媳妇两头传。劝合不劝离。嫁鸡随鸡，嫁狗随狗，嫁着狐狸满山走；嫁给黄老鼠爬地走；嫁条扁担，扛起就走；嫁给兔子，不跟鹰走。烧香佛掉腚，喝水塞了牙（命运不好）。吃奶还得解开怀。从小爱苗，到老抱瓢（不能对儿女娇生惯养）。从小不成器，到老驴驹子。打船家，羞客人。打的丫环，吓的小姐。十个指头连心肉，打断骨头连着筋。老婆多了晚了饭，大群鸭子不下蛋。变戏法瞒不住敲锣的。别人的肉补不到自己身上。别人的金窝银窝，不如自己的草窝。别人的老婆别人的妻，看到眼饱肚中饥。庄户人家三件宝，丑妻薄地破棉袄。依着破鞋扎了脚。采荷花牵动藕，拔萝卜带出泥。大姐脱鞋，二姐有样。当着矮人不说短话。等着拉屎，厕所方动工。虱子多了不咬人。一手不能抓俩鱼。一拃不跟四指近。人比人该死，货比货该扔。天塌下来有高个儿顶着。天上不会掉馅饼。不打勤，不打懒，单打不长眼。省囤尖儿，别省囤底儿。碗大勺子是个则儿。鞭打快牛。大人不把小人怪。财去人安。打掉牙往肚子里咽。一人难称百人心。白天喂嘴，夜里喂腿。打发不完的闺女，办不完的年。饱打瞌睡饿心酸。冷尿热屁饱劂心。饱汉不知饿汉饥，骑驴不知步行的。

(5)"将酒劝人，赔钱养汉"——来自风俗的谚语

　　一客不烦二主。狗肉不能上大席。离了红萝卜不成席（四川）。打狗要看主人面。不怕夜猫子哭，就怕夜猫子笑（俗以为笑则死人）。门前一株桃，淘气淘不了。坐上席不分老少。饱不洗澡，醉不剃头。左眼跳财，右眼

跳灾。打着喷嚏二百岁（俗以为打喷嚏是有人说，故破之曰"好人说我常安乐，恶人说我齿牙落"）。住七不住八，住八穷娘家。正月里忌讳多，好了懒老婆。丈母娘看女婿，越看越有趣。贼不空回。咋瞎的男人走三县，咋好的女人锅头转。有羞耻的大街，无羞耻的河涯。新婚三日无老少。赢了不走，输了变狗（赌场规矩）。一女不吃两家茶。衣服笑破不笑补。夜饭少吃，赢官司少打。仰脸婆，低头汉，九顶萝卜独头蒜（俗以为四毒辣）。养汉老婆拉四邻。兄弟分家硬似铁，一根灯芯灭九截。行船莫捞鲤，走路莫多嘴。新娶的媳妇三日香，过了三日用棍棒。小姑多，舌头多；大姑多，婆婆多；小叔多，鞋脚多；大伯多，礼儿多。先来个老婆嫌又嫌，后来个老婆尿也甜。夏不借扇，冬不借火。外甥是狗，吃了抹抹嘴就走。烟酒不分家。三分人才，七分打扮。腚大儿女多。快马报不得玩钱喜。一不做媒，二不做保。为人不到八十八，莫笑他人跛和瞎。投亲不如访友，访友不如住店。好鞋不踏臭屎。有病不瞒医。不干不净，吃了没病。

(6)"猫口里挖食，虎头上做窠"——来自动物的谚语

　　叫饿老鸦吃草（类似的谚语还有"赶鸭子上架""要公鸡下蛋""打死猪子不上树"）。苍蝇不钻无缝的蛋。鸡不尿尿有便处。咬人的狗不露齿。家鸡打得团团转，野鸡打得满天飞。热盘浪格蚂蚁。癞蛤蟆想吃天鹅肉。槽头买马看母子。雀儿只拣旺枝飞。蛇钻的窟窿蛇知道。臭斑虫只夸他娃香，刺猬只夸他娃光。蛤蟆也有鼓肚的时候（别欺人太甚）。兔子急了也咬人。屎壳郎一辈子也做不成蜜。馋狗不肥。扶不起的猪大肠。黄老鼠单咬那病鸭子。鸡公屙屎头节硬。鸡配鸡，鹅配鹅，鸭子配个拉拉婆。夹尾巴狗，上不得街。酱里蛆酱里死。叫得欢的蝈蝈没肉。狼精狐狸怪，兔子跑得快。狼过石板无脚印，蚂蚁叮人不出声。老虎吃天，无处下口。老鼠尾巴上长不出大疮来。老鼠出嫁，猫吹喇叭。老鸦说猪黑，自己不觉得。龙生龙，凤生凤，老鼠生儿打地洞，麻雀生儿钻瓦缝。驴子不打，磨子不转。驴骑后，马骑前，骡子骑在正中间。瘦死的骆驼比马大。麻雀赶秋，苍蝇钻粪。猫走了鼠伸腰。牛不喝水，不能强按头。狗嘴吐不出象牙来。瞎猫碰上个死老鼠（比喻偶然所得）。

2. 谚语的区域性

(1) 同一个意思，用不同的事象去表达。这些事象，往往有着鲜明的地域特色。如岁时、气象方面：

山西：二月清明满树花，三月清明不见花。

河北：二月清明不见青，三月清明遍地青。

江西：二月清明篓里青，三月清明田里青。

河南：二月清明不见榆，三月清明老了榆。

山东：二月清明花开败，三月清明不见花。

广西：二月清明一片青，三月清明草不生。

再如：

苏北：七月胡桃八月梨，九月柿子乱赶集。

四川：七月胡桃八月梨，九月枣儿甜如蜜。

山西：七月胡桃八月梨，九月棒子晒红皮。

安徽：七月菱角八月藕，九月才吃老鸡头。

气象方面，看云识天气的四句谚语全国各地几乎都有，但事象与语言差异较大。

云（彩）向东——一阵风_{山东}；发大风_{华北}；有雨不凶_{湖南}；雨落空_{湖北}；道地燥松_{浙江}；干松松_{江苏}；尘埃没老公_{广东}；晒干坑_{河南}；车马通_{黑龙江}。

云（彩）向西——水和泥，道地像条溪_{浙江}；雨成堆_{湖北}；披蓑衣，淋死鸡_{甘肃}；吃东西_{河南}；马溅泥，水没犁_{黑龙江}；水济济_{江苏}；大白雨_{陕西}；雨凄凄_{湖南}；小放牛的披蓑衣_{山东}；泡死狗和鸡_{甘肃}。

云（彩）向南——道地好撑船_{浙江}；雨撑船_{湖北}；倒雨坛_{四川}；漂起船_{甘肃}；有雨下不长_{云南}；雨潺潺，水涨潭_{黑龙江}；干挖挖_{江苏}；搬倒水潭_{苏北}；雨涟涟_{山东}；水漂椽_{陕西}；今儿大雨明日好晴天_{安徽}。

云（彩）向北——一阵黑，雨没的_{湖北}；道地好晒谷_{浙江}；晒得地开裂_{甘肃}；有雨不到黑_{云南}；晒干麦_{河南}；发大水_{黑龙江}；瓦碴晒成灰_{青海}；白胡子老儿晒大麦_{陕西}；越走越黑_{苏北}。

人品方面，如说由于个别人、个别成分不好而损害了整体，所用事象也不相同：一马勺坏一锅；一个螺蛳打坏一锅汤；一块臭肉坏了一锅汤；一根烂鱼腥了一锅汤；一个臭鱼，一篮子都臭；一块鸡屎坏一缸酱；一颗老鼠屎，带坏一锅粥；一只鸭，只打得一路浑；一只狗叫，弄得全村喧哗；一只坏梨，能坏一筐；一只白鸭害煞一棚鹅。

（2）各地都有一些特有的谚语，反映了一定的地域文化特点和语言特点。如各地常把自己地方上特有的事件或特产物品，连缀成几句话，成为地方特点的代表谚语：

凤州三出——陕西凤州妓虽不尽妖丽，然手皆纤白；州境内所栽柳，翠色尤可爱，与他处不同；又公库多美酝，故世言凤州有三出，谓手、柳、酒也。（《逊斋闲览》）

闽恒语——福建语云："延年豆腐邵武伞，建阳妇人不用拣。"（《戒庵漫笔》）

畿内三大——沧州狮子景州塔，正定府里大菩萨。（《野获编》）

山西四绝——大同妇人好饰尚脂，多美而艳，夫妇同行，人不知是夫有是妇也。宣府教场，东西几十里，南北二十里。蔚州城磨砖所砌。朔州近山易采木，市房檐廊，今颇倾颓。语云："大同婆娘，蔚州城墙，宣府教场，朔州营房。"（《野获编》）

吴俗三好——吴俗有三好，门马吊牌，吃河豚鱼，敬五通神，虽士大夫不免。（《香祖笔记》）

江浙合谚——苏州头，扬州脚，杭州好穿着，绍兴出嫖客。（《艺林伐山越谚》）

吉林三宝——人参、貂皮、乌拉草。

无锡四门——南门豆腐北门虾，西门柴担密如麻，只有东门无啥卖，葫芦茄子搭生瓜。

云南七有名——新兴姑娘河西布，通海酱油禄丰醋，丽江饵饵鹤庆酒，剑川婆娘家家有。

天津三宝——鼓楼、炮台、铃铛阁。

宁河三宝——银鱼、紫蟹、老娘们的脚。

怀来四宝——土酒、怀鱼、狼山糕，四八里姑娘不用挑。

顺德三宝——秋梨、柿饼、大皮袄。

正定府，三件宝，扒糕、粉浆、豆腐脑。

大城三宝——烧酒、驴肉、大火烧。

胶东——黄县的房，栖霞的粮，登州府的好姑娘。

五台三大怪——石头垒墙墙不倒，喇嘛进院狗不咬，闺女嫁汉娘不恼。(野合叫嫁汉)

忻县三件宝——买牛要买抓地虎，种地要种黑芦土，娶老婆要娶一篓油。(呼粗矮妇人为一篓油)

吉林有三怪——窗户纸糊在外，二八大姐拿着旱烟袋，养活的小孩吊起来。

外蒙谚——早穿貂皮午穿纱，怀抱火炉吃西瓜。

宁夏谚—城大关小，车大牛小，闺女不嫌汉子老。

宜兴三宝—茶壶、夜壶、织席草。

3. 谚语生动性手法

谚语是俗语的重要组成部分，口语化很强，流传很广，靠的就是它的生动、形象，朗朗上口。下面以北京一带的谚语为例，谈一谈它的生动性手法。

(1) 夸张

八抬大轿请不动——谓无论如何也不去。八抬大轿，是最隆重的接待。

拔一根汗毛儿，比腰还粗——谓一方经济势力雄厚，远远超过另一方。

把鼻子气歪了——谓气愤至极。

挤成了相片——谓人拥挤至极。

满脸双眼皮儿——谓人满脸皱纹。

土得掉渣儿——谓极土，没见过世面。

吃奶的劲儿都使出来了——谓使出最大的力量。

逼哑巴说话——谓逼人太甚。

不够塞牙缝的——谓太少，无济于事。

差十万八千里——谓相差很远。

喘气的功夫都没有——谓特别忙，根本没时间休息。

掉片树叶怕砸破脑袋——谓极小心。

顶风臭十里——谓臭名远扬。

顶在头上怕摔着，含到嘴里怕化了——谓百般疼爱。

斗大的字不识半升——谓一字不识。

汗珠子掉地下摔八瓣儿——谓劳作十分辛苦。

忙得四脚朝天——谓极忙，忙得糊里糊涂。

掰开揉碎了说——谓苦口婆心，细心劝导。

让人笑掉大牙——谓做的蠢事之蠢。

一分钱掰成两半儿花——谓十分珍惜钱财。

(2) 比喻

包子有肉不在褶上——比喻不在外表。

不是省油的灯——比喻不好对付。

炒豆没吃上，还炸了锅——比喻没捞到好处，反而受了损失。

陈谷子，烂芝麻——比喻旧事。

吃枪药了——比喻火气极大。

倒驴不倒架儿——比喻仍有原来的气派。

摁下葫芦瓢起来——比喻一波未平，一波又起。

给个棒槌就纫针——比喻死心眼儿。

砍的没有旋的圆——比喻说话不圆满。

拉出屎来再缩回去——比喻反悔。

驴唇不对马嘴——比喻与事实不符。

宁吃仙桃一口，不吃烂杏一筐——比喻要好的，即使少，也不要坏的。

屎顶屁股门儿——比喻事到临头，非办不可。

死猪不怕开水烫——比喻无所触动。

有爱孙猴儿就有爱猪八戒的——比喻人各有所爱。

(3) 对比

背着抱着一样沉——谓没有实质上的什么不同。

不怕贼偷，就怕贼惦记着——谓不可松懈。

撑死胆大的，饿死胆小的——谓老实人吃亏。

吃人饭，不拉人屎——谓太坏，不干人事。

东西是死的，人是活的——谓动脑筋，想办法。

活人不能让尿憋死——谓动脑筋，想法解决。

三条腿的蛤蟆不好找，两条腿的活人有的是——谓困难不大，不在乎。

他不拿我当干粮，我还拿他当咸菜——谓他不敬我，我也不必敬他。

要是长了毛儿，比猴儿还精——谓人鬼心眼子多。

(4) 借代

别把馋虫逗出来——别引起别人吃的欲望。

掰不开镊子——形容死脑筋。

甭跟我字儿了漫儿了的——别来这一套。

踩人肩膀往上爬——不惜压制、贬低别人，而追求个人的名利地位。

车轱辘话来回转——说话重复、啰嗦。

吹胡子瞪眼——发脾气。

横挑鼻子竖挑眼——成心找毛病。

（三）"俏皮话"如何说

俏皮话的典型方式是歇后语，它是由两部分构成的，语义由前半部分以话题或比喻等方式引出，后半部分可说，也可"歇"，即不说；它和惯用语、谚语一样，是俗语语族中的重要成员。因为歇后语比其他俗语形式更强调了语言表达的技巧，幽默、风趣、活泼、诙谐，被人们称为"俏皮话""巧话"。

1. "俏皮"根本

"俏皮"的根本，是歇后语的语源。它的语源都是超常的、怪谬的，即现实生活中的特例，甚至是根本不可能有的，以此来表达现实生活中经常表达的语义，故而"俏"、"巧"。大致上说，歇后语大多以风俗的、特殊人物的、特殊行为的、特殊方言的为话题内容。下面分别举例。

(1) 灶王爷上天—句句实言

这是以风俗为语源的一条歇后语。灶王爷是民间祭祀的灶神，传说他代表玉帝掌管一家的善恶和奖惩，因此被奉为"一家之主"。每年腊月二十三为祭灶日，据说灶王在这一天上天到玉帝那里汇报一年来所管人家的善恶，故人们祭以糖果、粘糕，想买甜，粘住他的口，像对联所说的，让他"上天去多言好事，下界来广降吉祥"。

风俗歇后语涉及人们物质生活和社会生活的方方面面，如：

职事习俗的。木匠吊线——睁一只眼，闭一只眼；杀猪捅屁眼——各有各的杀法；老和尚看嫁妆——下辈子见了。

服饰习俗的。麻袋做龙袍——不是这块料；月里娃娃穿道袍——宽大无边。

饮食习俗的。冻豆腐——难拌（办）；小葱拌豆腐——一青（清）二白；锅边的粥—熬出来的。

居住习俗的。堂屋里挂草荐——不是画（话）；胡同里赶猪——直来直去。

家族习俗的。外甥打灯笼——照舅（旧）；大伯子背兄弟媳妇儿过河——受累不讨好；见了丈母娘叫大嫂——没话搭拉话。

婚嫁习俗的。大闺女坐轿——头一回儿；黄花女做媒——自身难保；何家的姑娘嫁给了郑家——郑何氏（正合适）；娶媳妇儿打幡儿——凑热闹。

生老病死习俗的。头上害疮——顶坏；八月十五坐月子——赶在节上了；光屁股吊丧——对不起死人，也对不起活人。

节日、信仰习俗的。大年初一吃饺子——没有外人；寿星老儿的脑袋——宝贝疙瘩；大水冲了龙王庙——一家人不认得一家人了。

（2）肉包子打狗——有去无回

日常生活中，谁也不会拿肉包子去打狗的。作为特殊行为的歇后语，正是以根本不可能发生的事作为话题的。如：

茶壶里煮饺子——有货倒不出嘴来；大街上拣烟头

儿——找抽；被窝里放屁——独吞；电线杆子上绑鸡毛——好大的掸（胆）子；擀面杖吹火——一窍不通；高射炮打蚊子——大材小用；关上门来吹喇叭——鸣（名）声在外；脚底下抹油——溜之大吉；麻秆儿打狼——两头都怕；马尾串豆腐——无法提；绱鞋不用锥子——针（真）好；做梦娶媳妇儿——想好事）儿。

（3）聋子的耳朵——摆设

人们利用特殊人物的特殊形体、特殊行为作为话题，形成了一部分歇后语，如：

瘸子屁眼儿——邪门儿；麻子不叫麻子——坑人；麻子敲门——坑人到家了；罗锅子上山——前（钱）上紧；武大郎玩夜猫子——什么人玩什么鸟；秃子打伞——无发（法）无天；秃头上的虱子——明摆着；哑巴吃黄连——有苦说不出；要饭花子打狗——穷横；丈二和尚——摸不着头脑儿；老太太吃柿子——嘬（作）瘪子；腊月里生的——冻（动）手冻（动）脚。

（4）鸡子儿下山——滚蛋

歇后语中有一大部分是以物为话题或比喻的，包括动物、植物、器物。如：

瓷公鸡、铁仙鹤，玻琍耗子琉璃猫——一毛不拔；狗拿耗子——多管闲事；狗咬刺猬——下不了口；蛤蟆垫桌子腿——死挨；耗子尾巴上长疮——没多大点脓（能）水儿；猴子吃麻花儿——满拧；黄花鱼儿——溜边儿；井底的蛤蟆——没见过多大的天；腊月的萝卜——冻（动）了心；老鸹落了猪腚上——看不见自己黑；老虎拉车——没赶（敢）的；萤火虫的屁股——没多大的亮；霜打的茄子——蔫儿了；兔子尾巴——长不了；王八瞅绿豆——对眼儿了；茅坑里的石头——又臭又硬。

(5) 张飞穿针——大眼对小眼

张飞为三国猛将，让他穿针，他做不来，只好大眼瞪着小针眼儿，无可奈何。这是利用典故构成的歇后语。再如：

姜太公钓鱼——愿者上钩；看《三国》掉眼泪——替古人担忧；徐庶进曹营——一言不发；周瑜打黄盖——愿打愿挨；猪八戒照镜子——里外不是人。

(6) 肩膀上搁烘笼——挓（恼）火

挓，音 lǎo，四川方言，"拿"、"扛"的意思；肩膀上搁烘笼，就是扛着火。在其他方言区，这是构不成歇后语的，但在四川，l 声母的字全读 n 声母，"挓"与"恼"谐音了，这条歇后语也就成立了。这是因方言词汇和语音的差异而构成的歇后语。这类歇后语充分体现了歇后语的地域性：

词汇形式差异。脸上涂石灰——白相（白相，吴方言，游戏、玩弄；赣方言，轻浮、轻佻之人）；抱木脑壳打狗——拿你不当人（木脑壳，木偶）；茶馆里摆龙门阵——想到哪里说到哪里（龙门阵，西南方言，谈天，说故事）；靛缸里沐浴——一身青（轻）（沐浴，吴方言，洗澡）；灰堆里烧山药蛋——灰疙瘩（灰疙瘩，山西话，坏蛋）；老八子拉车——谁敢坐（老八子，江湖指虎）；逡针儿进店——长（常）客（逡针儿，江湖指蛇）。

词汇意义差异。火轮船打哆嗦——叫浪催的（浪，在北方话中，指的是性欲大，男女性关系上的放荡；在东北，却指风流、漂亮、优美；在西北方言里，是极、大的意思；在吴语中，则表方位，相当于"上"。这条歇后语在北方话中用于男女调情或詈骂）。

特有名物差异。开滦打官司——煤（没）的事；会仙居的炒肝儿——没早没晚（会仙居，北京老字号饭馆）；红漆马桶送人——外面红光光，里面臭屎汤；景德镇的夜壶——瓷（词）好。

语音差异。靠着厕所睡觉——离屎（死）不远了；黄泥巴掉进裤裆里——不是屎（死）也是屎（死）（屎，不少地方读如"死"）；三日不涨潮——死港（讲）；火烧对联——坏字（事）。

2."俏皮"手段

歇后语要使前后两部分联系起来，就必须采取一定的组合手段。一般来说，有音的联系和义的联系两种。音的联系用的是谐音，义的联系则有双关、性质、方式、结果等形式。正是运用这些形式，使人们对歇后话题进行联想，推断出语义表达所在。

（1）谐音联想

打破砂锅——璺（问）到底；胡子老儿吹灯——燎了（了了，没什么了不起）；冷庙里泥神——不祭（不济，不中用）；辫子上拴秤砣——打腰（大妖，张狂）；猪鼻子插大葱——装象（装相，装模作样）；韩湘子他哥——韩湘什么（还想什么，心满意足了）；生孩子不叫生孩子——下人（吓人）；坐家女儿偷皮匠，逢着就绱（逢着就上，指不择好坏都要，比喻女人淫滥）。

(2) 双关联想

王妈妈卖了磨——推不得了（无法推辞）；马上吃猪蹄——不知骨头落在哪里（死无葬身之地）；扁担上睡觉——翻不了身；大闺女坐板凳——一板一眼（认认真真）；庙里的猪头——有主的；半边猪头——独眼；吊死鬼搽脸——死要面子；网巾圈儿——靠后；羊群里的驴——属你大（大架子）；驴头不叫驴头——长脸（丢人现眼）；狗掀门帘——光动嘴；老鼠钻在风箱里——两头受气；小媳妇儿过娘家——个身不大肚里有。

(3) 性质联想

大小姐裁裤子——闲时置下忙时用（属于闲活儿）；武大郎卖豆腐——人怂货软（都软懦，性质相同）；中正街的驴子——谁有钱谁骑（属于出租性质）；磨道里的驴——听喝声（工作性质）；属疯狗的——见谁咬谁；属猪的——吃饱就睡；属猫的——见不得腥味儿。

(4) 方式联想

老鼠拉木锨——大头在后；老母鸡瞎了眼——窝子里拧；脱了裤子放屁——多此一举；吃柿子——拣软和的捏；胡萝卜就烧酒——仗个干脆；黄柏木作磬槌子——外头体面里头

苦；活剥牛皮漫鼓——一味里生做；快刀切豆腐——两面光；皮笊篱下豆锅——一捞一个罄净；清水下杂面——你吃我看（杂面是用绿豆、小豆或黄豆粉做成的面条，煮时放些佐料才有味道；用清水煮则味涩难吃。比喻你自管去找麻烦，我不插手，各不相干）。

（5）结果联想

大闺女做媒——自身难保；一个碗里俩匙子——不是蹭着就是抹着；肉头老撞着险道神——你也别说我长，我也别道你短（肉头老是老寿星，头硕大而多肉，身短）；老和尚不撞钟——得不得一声（求之不得）；煮熟的鸭子——飞不了；马屁拍了马腿上——讨不着好还挨了踢。

3.“猪头三”现象

上海人骂人畜牲，叫“猪头三”，是“猪头三牲”的缩脚语。古时帝王祭祀用猪、牛、羊三牲，而民间则用猪头、全禽（整只鸡、鸭或鹅）、整鱼为三牲。因三牲中猪为首，故叫作“猪头三牲”。“猪头三”缩脚后，隐指后面的“牲”，沪方言“牲”“生”谐音，所以最初指初来上海不懂城市规矩的“阿乡”（乡下人），“生”就是不熟。现在转为骂人畜牲，不用谐音“生”了。

像这种缩脚现象，旧时上海、苏州一带有不少，如骊山老（隐指母亲）、天官赐（隐指福），原来如（隐指"此"，与"痴"谐音）。元明时期，也有用"秋胡戏"指"妻"的说法，因元有《秋胡戏妻》杂剧，"秋胡戏"为"妻"的缩脚语。如《金瓶梅》："你家第五的秋胡戏，你娶他来家多少时了?"《聊斋俚曲集·禳妒咒》："不怕天，不怕地，单单怕那秋胡戏。"

李申直接把"秋胡戏"归于歇后语。① 而薛理勇则称之为省文隐语②。黄朴专文分析这种现象，称为"截尾语"，说它仅取四字熟语，故意"丢局"，将人皆尽知的末一字截隐以喻人、物、事。他举的例子有披头散（发）、喜鹊占（梅）、雾气浪（烟）、下马威（风）、青天白（日）、麻风细（雨，指女）、富贵有（余，指鱼）。

---

① 李申：《金瓶梅方言俗语汇释》，北京师范学院出版社 1992 年版，452 页。

② 《上海俗语切口》，上海人民出版社 1992 年版，120 页。

参考书目

北大研究所国学门歌谣研究会：歌谣，中国民间文艺出版社，1985.

白公等：京味儿，中国妇女出版社，1993.

段开琏：中国民间方言词典，南海出版公司，1994.

方言，中国科学院语言研究所，1990—1996.

黄尚军：四川方言与民俗，四川人民出版社，1996.

刘德增：正统的北方人，济南出版社，1993.

李申：金瓶梅方言俗语汇释，北京师范学院出版社，1992.

李文飞等：品评广东人，中国社会出版社，1995.

李玉川：熟语趣话，世界知识出版社，1990.

李中生：中国语言避讳习俗，陕西人民出版社，1991.

骆爽等：剖析上海人，中国社会出版社，1995.

民俗研究，山东大学，1989—1996.

屈朴：俗语古今，河北人民出版社，1991.

曲彦斌：中国民俗语言学，上海文艺出版社，1996.

钱曾怡：山东人学习普通话指南，山东大学出版社，1989.

钱曾怡：山东方言志丛书（1—12种），语文出版社，1990～1997.

区永祥：自学广州话不求人，华南理工大学出版社，1993.

饶原生：粤港口头禅趣解，岭南美术出版社，1992.

受鸣：上海方言十夜谈，华东师范大学出版社，1992.

王有光：吴下谚联，中华书局，1982.

温端政：忻州方言志，语文出版社，1985.

徐珂：清稗类钞，中华书局，1984.

薛理勇：上海俗语切口，上海人民出版社，1992.

许少峰：简明汉语俗语词典，海潮出版社，1993.

徐世荣：北京土语辞典，北京出版社，1990.

颜逸明：吴语概说，华东师范大学出版社，1994.

杨军等：放谈东北人，中国社会出版社，1995.

余云华：丑语大观，河北人民出版，1990.

袁家骅等：汉语方言概要，文字改革出版社，1989.

中国民间文艺研究会：中国谚语资料，上海文艺出版社，1961.

张松林：中国谜语大辞典，书海出版社，1990.

周一民：北京俏皮话辞典，北京燕山出版社，1992.

周一民：北京现代流行语，北京燕山出版社，1992.

郑硕人等：语海·秘密语分册，上海文艺出版社，1994.